BestMasters

Mit **„BestMasters“** zeichnet Springer die besten Masterarbeiten aus, die an renommierten Hochschulen in Deutschland, Österreich und der Schweiz entstanden sind. Die mit Höchstnote ausgezeichneten Arbeiten wurden durch Gutachter zur Veröffentlichung empfohlen und behandeln aktuelle Themen aus unterschiedlichen Fachgebieten der Naturwissenschaften, Psychologie, Sozialwissenschaften, Technik und Wirtschaftswissenschaften. Die Reihe wendet sich an Praktiker und Wissenschaftler gleichermaßen und soll insbesondere auch Nachwuchswissenschaftlern Orientierung geben.

Springer awards **“BestMasters”** to the best master’s theses which have been completed at renowned Universities in Germany, Austria, and Switzerland. The studies received highest marks and were recommended for publication by supervisors. They address current issues from various fields of research in natural sciences, psychology, social sciences, technology, and economics. The series addresses practitioners as well as scientists and, in particular, offers guidance for early stage researchers.

Simon Möbius

Die versteckte dritte Säule der Krankenhausfinanzierung

Eine Analyse der kommunalen Bezuschussung öffentlicher Krankenhäuser

Springer Gabler

Simon Möbius
Friedrich-Alexander-Universität
Erlangen-Nürnberg
Nürnberg, Deutschland

ISSN 2625-3577 ISSN 2625-3615 (electronic)
BestMasters
ISBN 978-3-658-52881-2 ISBN 978-3-658-52882-9 (eBook)
https://doi.org/10.1007/978-3-658-52882-9

Die Deutsche Nationalbibliothek verzeichnet diese Publikation in der Deutschen Nationalbibliografie; detaillierte bibliografische Daten sind im Internet über https://portal.dnb.de abrufbar.

Planung/Lektorat: Elisabeth Horz
Springer Gabler ist ein Imprint der eingetragenen Gesellschaft Springer Fachmedien Wiesbaden GmbH und ist ein Teil von Springer Nature.
Die Anschrift der Gesellschaft ist: Abraham-Lincoln-Str. 46, 65189 Wiesbaden, Germany

Inhaltsverzeichnis

Abkürzungsverzeichnis

AEUV	Vertrag über die Arbeitsweise der Europäischen Union
AG	Aktiengesellschaft
BMG	Bundesministerium für Gesundheit
BMWE	Bundesministerium für Wirtschaft und Energie
DAWI	Dienstleistungen von allgemeinem wirtschaftlichem Interesse
DRG	Diagnosis Related Groups
e. V.	Eingetragener Verein
EuGH	Europäischer Gerichtshof
FDA	Fixkostendegressionsabschlag
G-DRG	German Diagnosis Related Groups
GmbH	Gesellschaft mit beschränkter Haftung
HR	Hochrechnung
InEK	Institut für das Entgeldsystem im Krankenhaus
KHAG	Krankenhausreform-Anpassungsgesetz
KHG	Krankenhausfinanzierungsgesetz
KHTG	Krankenhaustransparenzgesetz
KHVVG	Krankenhausversorgungsverbesserungsgesetz
LG	Leistungsgruppe
NUB	Neue Untersuchungs- und Behandlungsmethoden
PEPP	Pauschalierte Entgeltsystem für psychiatrische und psychosomatische Einrichtungen
rDRG	Residuale Diagnosis Related Groups
SVR	Sachverständigenrat zur Begutachtung der Entwicklung im Gesundheitswesen und in der Pflege

Abbildungsverzeichnis

Tabellenverzeichnis

Einleitung 1

1.1 Hintergrund und Problemstellung

Den Krankenhäusern in Deutschland geht es wirtschaftlich schlecht. Viele Krankenhäuser machen seit mehreren Jahren Verluste. Einige Akteure der Branche warnen sogar vor einem versorgungsgefährdendem Kliniksterben. Gründe hierfür sind unter anderem die Inflation, eine zu geringe Auslastung und hohe Forderungen an die Kostenträger aus fehlenden Budgetverhandlungen.[1] Wie hoch das Ausmaß dieser vermeintlichen Krankenhauskrise wirklich ist, lässt sich nicht konsistent sagen, denn konkrete Zahlen aus Studien und Expertenmeinungen[2] hierzu gehen weit auseinander oder sind entsprechend unspezifisch. Mit der Darstellung der Krankenhausinsolvenzeröffnungsverfahren[3] lässt sich möglicherweise eine erste objektive Sichtweise auf die aktuelle wirtschaftliche Lage der Krankenhäuser gewinnen. Dem Stimmungsbild der Branche zutreffend, zeigen die Daten ab dem Jahr 2023 einen starken Anstieg von eröffneten Verfahren. Interessanter ist jedoch, dass hier eine Unterrepräsentanz der öffentlich-rechtlichen Trägerart festzustellen ist. Bei einem Marktanteil von 47 % fallen gerade mal 7 % der eröffneten Insolvenzverfahren auf öffentlich-rechtlich geführte Krankenhäuser.[4]

[1] Vgl. Institut der Wirtschaftsprüfer 2024, S. 25.

[2] Das in dieser Arbeit gewählte generische Maskulinum bezieht sich zugleich auf die männliche, die weibliche und andere Geschlechteridentitäten. Zur besseren Lesbarkeit wird auf die Verwendung männlicher und weiblicher Sprachformen verzichtet. Alle Geschlechteridentitäten werden ausdrücklich mitgemeint, soweit die Aussagen dies erfordern.

[3] Vgl. Abb. 1.1 bis 1.3.

[4] Vgl. der Spiegel 2025; Süddeutsche Zeitung 2025; Handelsblatt 2024; FAZ 2023; Deutsche Krankenhausgesellschaft 2022b.

S. Möbius, *Die versteckte dritte Säule der Krankenhausfinanzierung*, BestMasters,
https://doi.org/10.1007/978-3-658-52882-9_1

Dass öffentlich-rechtlich geführte Krankenhäuser seltener von Insolvenzen betroffen sind als private und freigemeinnützig geführte Häuser, deckt sich mit der Einschätzung der Autoren des aktuellen Krankenhaus Rating Reports.[5] Wissenschaftliche Forschung zu den Gründen dieses Phänomen existiert aktuell nicht. Für verschiedene Stakeholder der Branche liegt die Begründung für die geringere Insolvenzquote in der finanziellen Bezuschussung durch deren Träger. Diese im dualen Finanzierungssystem nicht vorgesehene „dritte Säule" der Krankenhausfinanzierung, also die Bezuschussung durch den Gesellschafter, würde bei den öffentlichen Krankenhäusern den Unterschied ausmachen.[6]

Abb. 1.1 Anzahl der eröffneten Krankenhausinsolvenzverfahren[7]

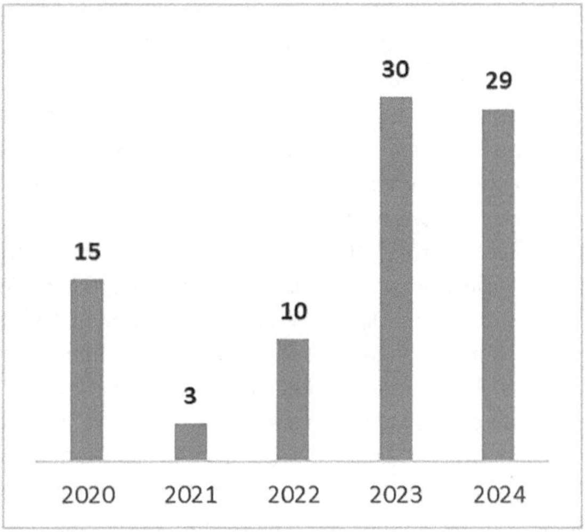

[5] Vgl. Augurzky et al. 2024, S. 170.

[6] Vgl. Bundesverband Deutscher Privatkliniken 2025a; Bundesverband Deutscher Privatkliniken 2025b; BibliomedManager 2024.

[7] Eigene Darstellung, angelehnt an Insolvenzportal NRW 2025 zitiert nach Curacon 2025. Die Eröffnung eines Insolvenzverfahrens bedeutet nicht, dass hieraus zwangsläufig eine Schließung des Krankenhauses folgt. Ein Verfahren kann auch durch Verkauf, Fusion, Kooperation oder interne Sanierung beendet werden.

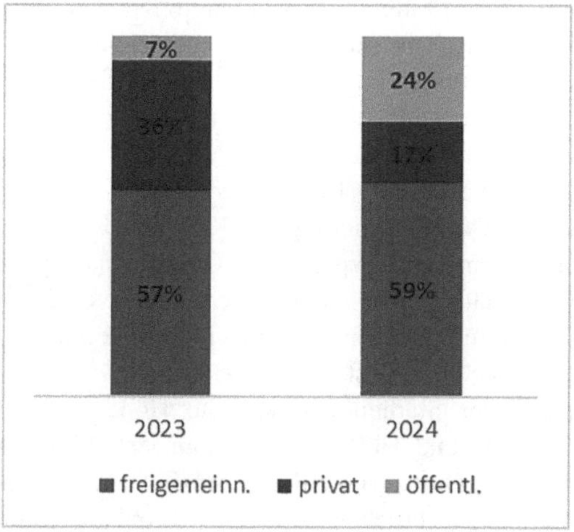

Abb. 1.2 Verteilung der Insolvenzen nach Trägerart[8]

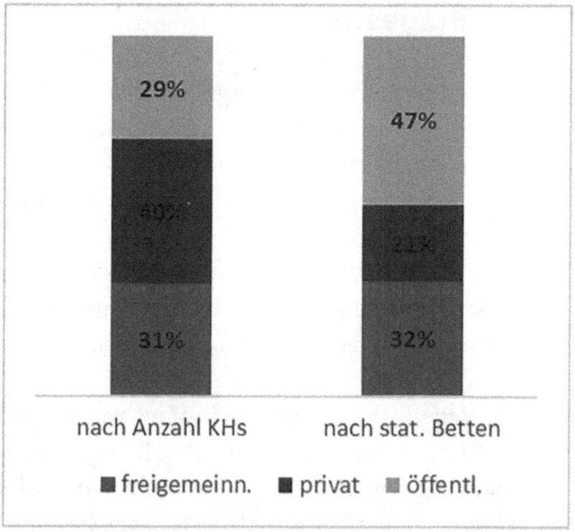

Abb. 1.3 Marktanteile der Träger 2023[9]

Die finanzielle Unterstützung durch den Gesellschafter ist jedoch bei allen Trägerarten möglich. Die privaten Trägerkonzerne können Gelder aus den

[8] Eigene Darstellung, angelehnt an Insolvenzportal NRW 2025 zitiert nach Curacon 2025.

[9] Eigene Darstellung, angelehnt an Statistisches Bundesamt 2024.

jeweiligen Mutterkonzernen ihren Krankenhäusern zuschießen oder unter diesen umverteilen, ebenso wie freigemeinnützige Träger. Bei öffentlich-rechtlichen Krankenhäusern ist der Träger i. d. R. die Kommune oder das Land. Wirtschaftliche Hilfe kann hier nur über die sogenannte öffentliche Beihilfe stattfinden. Zwangsläufig handelt es sich hier nicht um etwaige Konzernmittel, sondern um öffentliche Gelder. Bei jedweder Verwendung öffentlicher (kommunaler) Gelder zur Querfinanzierung der Krankenhäuser ist eine allgemeine Relevanz sowie ein Informationsanspruch der Öffentlichkeit gegeben. Während auf kommunaler Ebene häufig über die Bezuschussung von Krankenhäusern in der Lokalpresse oder durch Bekanntmachungen der Kommune berichtet wird, existieren auf Bundesebene selbst in Fachkreisen keine verlässlichen Informationen, Statistiken oder Studien zur Art und Höhe dieser Beihilfen. Daher stellen genau diese Art und Höhe der kommunalen öffentlichen Beihilfe an Krankenhäuser, vor dem Hintergrund der potenziellen besseren wirtschaftlichen Situation der öffentlich-rechtlichen Häuser, die Problemstellungen dieser Arbeit dar.

1.2 Fragestellung

Aus dieser Problemstellung ergeben sich für diese Arbeit drei Forschungsfragen, die das Ziel verfolgen, die kommunale öffentliche Beihilfe an öffentlich-rechtlichen Krankenhäusern zu untersuchen. Die erste Forschungsfrage F_1 fragt allgemein nach der Höhe und Art der öffentlichen Beihilfe. Die zweite Forschungsfrage F_2 fragt nach Hinweisen auf einen möglichen Zusammenhang zwischen den Ergebnissen aus F_1 und der Unterrepräsentanz öffentlicher Häuser bei der Eröffnung von Insolvenzverfahren. Die letzte Frage F_3 untersucht die Ergebnisse aus F_1 auf geografische Abhängigkeiten der Bevölkerungsdichte.

F_1: Welche öffentlichen Beihilfen wurden öffentlichen Krankenhäusern im Zeitraum von 2018 bis 2024 durch Landkreise, kreisfreie Städte und Stadtstaaten gewährt und in welchem Umfang erfolgte deren Finanzierung?

F_2: Welche Hinweise auf mögliche Zusammenhänge zwischen der Höhe öffentlicher Ausgleichszahlungen und der Häufigkeit von Insolvenzverfahren bei öffentlichen Krankenhäusern lassen sich im Rahmen einer explorativen Vollerhebung identifizieren, ohne eine kausale Interpretation anzustreben?

F_3: Welche Unterschiede in der Verteilung öffentlicher Beihilfe zeigen sich in Abhängigkeit von der Bevölkerungsdichte der Landkreise?

1.3 Vorgehensweise

Für eine im Rahmen dieser Arbeit bestmöglichen Beantwortung der Fragestellungen wurde folgende Vorgehensweise gewählt:

Der auf die Einleitung nachfolgende Hauptteil besteht aus den vier Kapiteln Grundlagen, Methodik, Ergebnisse und Diskussion. Im Grundlagenteil wird die Untersuchung zunächst in den Kontext der stationären Krankenhausversorgung eingeordnet, indem ein allgemeiner Überblick über diesen Versorgungsbereich gegeben wird (Abschnitt 2.1). Der zweite Abschnitt der Grundlagen (Abschnitt 2.2) skizziert die Krankenhausfinanzierung in Deutschland und geht dabei insbesondere auf die duale Finanzierung, ihre Probleme sowie die kürzlich beschlossene Krankenhausreform ein. Die verschiedenen Formen der öffentlichen Beihilfe und deren Nachweispflicht auf kommunaler Ebene werden im Abschnitt 2.3 erläutert. Hiernach schließt sich eine Übersicht über den aktuelle Forschungsstand an (Abschnitt 2.4). Nach den Grundlagen wird im dritten Kapitel das methodische Vorgehen der durchgeführten Untersuchung beschrieben. Hierzu werden in Abschnitt 3.1 zunächst die explorative Vollerhebung als Studiendesign und die Landkreise, kreisfreien Städte und Stadtstaaten als Erhebungsumfang vorgestellt. Im Anschluss folgt die Darstellung der Beteiligungsberichte, Finanzberichte und Haushaltspläne als Datenquellen (Abschnitt 3.2) sowie die fünf Kriterien, unter welchen diese analysiert wurden (Abschnitt 3.3). Eine detaillierte Beschreibung des Untersuchungsvorgehens mit Vorbereitung und eigentlicher Datenerhebung sowie anschließender Auswertungsmethodik ist Inhalt des Kapitels 3.4. Analog zu der Darstellung der Auswertungsmethodik werden die Ergebnisse der Untersuchung in Kapitel 4 dargestellt. Im darauffolgenden Kapitel werden die Ergebnisse nach den Forschungsfragen gezielt interpretiert (Abschnitt 5.1), sowie nach den Schwächen dieser Arbeit limitiert (Abschnitt 5.2). Im sechsten Kapitel wird ein abschließendes Fazit zu dieser Arbeit gezogen und ein Ausblick auf zukünftig notwendige Forschung gegeben.

Grundlagen

2

2.1 Einordnung in den Versorgungsbereich

Diese Arbeit ist primär in den Bereich der stationären Krankenhausversorgung einzuordnen. Dieser bildet mit der Primärversorgung, welche i. d. R. ambulant durch den niedergelassenen Arzt erfolgt, und der rehabilitativen Versorgung die drei Bereiche der deutschen Gesundheitsversorgung. Krankenhäuser sind nach § 2 Nr.1 Krankenhausfinanzierungsgesetz (KHG) grundsätzlich definiert als „Einrichtungen, in denen durch ärztliche und pflegerische Hilfeleistung Krankheiten, Leiden oder Körperschäden festgestellt, geheilt oder gelindert werden sollen oder Geburtshilfe geleistet wird und in denen die zu versorgenden Personen untergebracht und verpflegt werden können". In ihrer Trägerstruktur lassen sie sich in drei Kategorien einteilen. *Öffentlich-rechtlich*[1] geführte Krankenhäuser werden von juristischen Personen des öffentlichen Rechts getragen, welche i. d. R. Landkreise und kreisfreie Städte, kreisangehörige Städte, Bezirke, Gemeinden, kommunale Gebietskörperschaften, die Bundesländer oder der Bund selbst sind. In ihrer Rechtsform können diese als Regie- oder Eigenbetriebe, Anstalten des öffentlichen Rechts (AöR), Körperschaften des öffentlichen Rechts (KdöR) oder in privatrechtlichen Gesellschaften mit beschränkter Haftung (GmbH) vorkommen. Bei letzterem müssen die mehrheitlichen Gesellschafteranteile und somit auch Aufsichtsgremiensitze der GmbH in öffentlicher Hand bleiben, um als öffentliches Haus zu gelten. Hierunter zählen ebenfalls Universitätskliniken. *Freigemeinnützige* Krankenhäuser dagegen werden von sozialen, religiösen oder humanitären Vereinigungen getragen und zumeist auch betrieben. Diese können neben Wohlfahrtsverbänden auch andere karitative Verbände,

[1] Nachfolgend nur noch „öffentlich" genannt.

S. Möbius, *Die versteckte dritte Säule der Krankenhausfinanzierung*, BestMasters,
https://doi.org/10.1007/978-3-658-52882-9_2

kirchliche Orden oder gemeinnützige Vereine und Stiftungen sein. Die vorwiegende Rechtsform ist dabei die GmbH[2], aber auch eingetragene Vereine (e. V.) oder rechtsfähige Stiftungen sind hier typisch. *Private* Krankenhäuser können sowohl von natürlichen Personen als auch von juristischen Personen des Privatrechts oder rechtsfähigen Gesamthandsgemeinschaften des privaten Rechts getragen werden. Für den Betrieb bedarf es, anders als bei öffentlichen und freigemeinnützigen Häusern, ebenfalls einer Konzession gemäß § 30 Gewerbeordnung (GewO). Eine häufige Rechtsform ist neben der GmbH die Aktiengesellschaft (AG), seltener auch die Gesellschaft bürgerlichen Rechts (GbR) oder Vereine und Stiftungen des Privatrechts. In Deutschland wird der Markt der privaten Krankenhäuser von der HELIOS Kliniken GmbH, der Asklepios Kliniken GmbH & Co. KGaA und der Sana Kliniken AG angeführt.[3] Die Landschaft der öffentlichen und freigemeinnützigen Träger diversifiziert sich dagegen durch kleinere Trägerstrukturen.[4]

Den Trägertypen können verallgemeinernde Unternehmensziele zugeordnet werden: Öffentlich geführte Krankenhäuser verfolgen i. d. R. als Ziel die Sicherstellung öffentlicher Daseinsvorsorge. Es besteht keine Gewinnorientierung. Freigemeinnützige Krankenhäuser verfolgen mit einer Gemeinwohlorientierung ähnliche unternehmerische Ziele. Betriebliche Gewinne müssen i. d. R. im Unternehmen verbleiben und dienen der Reinvestition. Private Krankenhäuser sind dagegen auf Gewinnerzielung ausgerichtet. Gewinne werden aus betriebswirtschaftlicher Strategie zwar teilweise auch reinvestiert, können aber auch bspw. zur Dividendenausschüttung an Aktionäre oder zur Weitergabe an Mutterkonzerne genutzt werden.[5]

Krankenhäuser mit öffentlichem Versorgungsauftrag lassen sich auch als Plankrankenhäuser bezeichnen, da sie in einen sogenannten *Krankenhausplan* des jeweiligen Bundeslandes aufgenommen sind. Nur diese dürfen im Sinne des § 108 SGB V gesetzlich versicherte Patienten abrechnen.[6] Plankrankenhäuser lassen sich in die oben genannten ersten drei Trägertypen einteilen. Hiervon zu differenzieren sind sogenannte *Privatkliniken*, welche kein Recht zur Abrechnung mit den gesetzlichen Krankenversicherungen besitzen. Diese häufig auf

---

[2] Häufig auch in Form der gemeinnützigen GmbH (gGmbH) vorkommend.

[3] Vgl. Knauf 2024.

[4] Vgl. reimbursement.institute 24.04.2024.

[5] Vgl. Wissenschaftlicher Dienst des Deutschen Bundestages 2014, S. 27–30.

[6] Eine Sonderregelung gilt für Hochschulkliniken, Krankenhäuser mit einem Versorgungsvertrag mit den Landesverbänden der Krankenkassen und Bundeswehrkrankenhäusern. Diese dürfen ebenfalls gesetzlich versicherte Patienten abrechnen.

einzelne Fachgebiete spezialisierten Häuser versorgen somit nur privatversicherte und selbstzahlende Menschen. Ein weiteres Merkmal von Privatkliniken ist die ausschließliche Versorgung von elektiven Behandlungsfällen, da durch das Fehlen von Notfallambulanzen eine Behandlung von Notfallpatienten i. d. R. ausgeschlossen ist. Im Folgenden dieser Arbeit werden ausschließlich Plankrankenhäuser betrachtet. Privatkliniken sind aus sämtlichen Nennungen, Daten und Statistiken exkludiert.[7]

Bundesweit standen 2023 für die stationäre Versorgung 1.874 Plankrankenhäuser mit 476.924 aufgestellten Betten zur Verfügung. In diesen wurden 17.202.131 Fälle[8] mit 123.894 Berechnungstagen / Belegungstagen bei einer durchschnittlichen Verweildauer von 7,2 Tagen behandelt. Die durchschnittliche Bettenauslastung betrug 71,2 %. 47 % dieser Betten befinden sich in öffentlicher Krankenhausträgerschaft, 32 % in freigemeinnütziger und 21 % in privater Trägerschaft. Die Krankenhäuser selbst sind zu 29 % öffentlich, zu 31 % freigemeinnützig und zu 40 % privat geführt. Durch eine abweichende Verweildauer unter den Trägern (öffentlich: 7,3 Tage, freigemeinnützig: 6,8 Tage, privat: 7,6 Tage) sowie eine Spannweite bei der Bettenauslastung von 7,3 % (öffentlich: 74,1 %, freigemeinnützig: 69,8 %, privat: 66,8 %) resultiert ein leicht abweichendes Verhältnis beim Vergleich der aufgestellten Betten zu den behandelten Fällen. 48 % aller stationären Fälle wurden in öffentlichen, 34 % in freigemeinnützigen und 18 % in privaten Krankenhäusern behandelt.[9]

Die meisten Krankenhäuser befinden sich in den Bundesländern Bayern (352) und Nordrhein-Westfalen (328), die wenigsten in Mecklenburg-Vorpommern (38), im Saarland (21) und in Bremen (14). Bei der Verteilung der Krankenhausbetten je Einwohnerzahl führt Thüringen mit 710 Betten je 100.000 Einwohner die Statistik an. Die Länder Hamburg, Saarland, Sachsen-Anhalt, Mecklenburg-Vorpommern, Nordrhein-Westfalen, Sachsen, Bremen und Brandenburg liegen in genannter Reihenfolge ebenfalls über dem allgemeinen Bundesdurchschnitt von 564 Betten je 100.000 Einwohner. Die übrigen Länder liegen unter diesem Durchschnitt. Die wenigsten Betten befinden sich in Niedersachsen und Baden-Württemberg (497 und 466 Betten je 100.000 Einwohner).[10]

Im Durchschnitt hat ein Krankenhaus in Deutschland 254 Betten. Öffentliche Häuser sind hier im Vergleich mit 419 Betten je Haus die größten Versorger,

---

[7] Vgl. reimbursement.institute 24.04.2024; Land 2018, S. 114.

[8] Als (Behandlungs-) Fall bezeichnet man allgemein einen stationär abgerechneten Behandlungsaufenthalt im Krankenhaus. Vgl. InEK 2017, S. 16–17.

[9] Vgl. Statistisches Bundesamt 2024.

[10] Vgl. Statistisches Bundesamt 2024.

gefolgt von 262 Betten bei freigemeinnützigen und 131 Betten bei privaten Krankenhausträgern. Die größten Krankenhäuser stehen mit durchschnittlich 343 Betten im Bundesland Nordrhein-Westfalen. Ebenfalls über dem Bundesdurchschnitt sind in absteigender Reihenfolge die Länder Sachsen, Saarland, Thüringen, Sachsen-Anhalt, Bremen, Rheinland-Pfalz und Mecklenburg-Vorpommern zu nennen. Die wenigsten Betten je Haus haben Bayern (212), Hamburg (203) und Schleswig-Holstein (171).[11]

Die Anzahl der Krankenhäuser und der Krankenhausbetten befindet sich in einem kontinuierlichen Abwärtstrend. Seit dem Jahr 2002 hat die Anzahl der Häuser um 16 % (347) abgenommen, ein rückläufiger Trend war jedoch bereits zuvor erkennbar. Der Bettenrückgang beläuft sich im gleichen Zeitraum auf 13 % (70.360). Die Anzahl der öffentlichen Häuser hat im gesamten Zeitraum um 35 % (283) abgenommen, die der freigemeinnützigen um 33 % (287). Der Bettenrückgang beschränkte sich auf 25 % bei den öffentlichen (74.325) und 23 % (45.855) bei den freigemeinnützigen Krankenhäusern. Lediglich die privat getragenen Häuser konnten im genannten Zeitraum ihre Anzahl um 42 % (233) und ihre aufgestellten Betten um 103 % (49.820) steigern. Aus dem bereits angesprochenen Bettenrückgang von 13 % über alle drei Trägerarten betrachtet, resultiert ebenfalls ein Anstieg der durchschnittlichen Bettanzahl je Krankenhaus. Sowohl bei den öffentlichen als auch bei den freigemeinnützigen Häusern ist ein Anstieg von 15 % (54 und 34) bei der durchschnittlichen Bettenanzahl je Haus zu nennen. Die privaten Häuser verzeichnen mit 42 % (39) den größten Anstieg. Betrachtet über alle drei Trägerarten beläuft sich der Anstieg der durchschnittlichen Bettenanzahl je Haus auf 3 % (8).[12]

Trotz dieses vermeintlich starken Rückganges des stationären Versorgungsangebots liegt die Bettenanzahl in Deutschland weit über dem OECD-Durchschnitt.[13] Es ist seit Jahren gesicherter gesundheitsökonomischer Konsens, dass sich der Rückgang der Krankenhäuser und Bettenzahl sogar positiv auf die Versorgung in Deutschland ausgewirkt hat. Insbesondere durch eine Zentralisierung des stationären Leistungsangebots ist trotz geringerer Erreichbarkeit, eine Zunahme der Behandlungsqualität zu sehen. Weitere allgemeine wissenschaftliche Einigkeit herrscht überdies dazu, dass der zukünftige Abbau von

[11] Vgl. Statistisches Bundesamt 2024.
[12] Vgl. Statistisches Bundesamt 2024.
[13] Vgl. Statista 19.07.2025.

Krankenhäusern und stationären Betten zu einer weiteren Verbesserung der Gesundheitsversorgung in Deutschland führen kann.[14]

2.2 Krankenhausfinanzierung in Deutschland

2.2.1 Die duale Krankenhausfinanzierung

Die laufenden Gesundheitsausgaben in Deutschland beliefen sich im Jahr 2023 auf 491,6 Mrd. Euro. Circa 28 % (140,6 Mrd. Euro) hiervon sind den Bruttogesamtkosten aller Krankenhäuser zuzurechnen. Die bereinigten Krankenhauskosten[15] betrugen 120,3 Mrd. Euro. Gut 60 % (84,7 Mrd. Euro) der unbereinigten Kosten werden für das Personal aufgewendet.[16] Die Sachkosten lagen bei 53,7 Mrd. Euro, davon 7,4 Mrd. Euro für Arzneimittel und 3,5 Mrd. Euro für nicht beim Krankenhaus angestelltes Personal.[17] Für die 17,2 Mio. Behandlungsfälle ergeben sich bereinigte Kosten von 6.996 Euro je Fall. Für die knapp 477 Tsd. aufgestellten Betten ergeben sich bereinigte Kosten von 252 Tsd. Euro je Bett. Zuzüglich kommen zu diesen Betriebsausgaben, auf alle Häuser zusammengenommen, jährlich circa drei bis vier Milliarden Euro Investitionskosten. Je nach Krankenhausgröße können die Gesamtkosten stark variieren.[18]

Diese Kosten werden nach einem Krankenhausfinanzierungssystem finanziert. Das 1972 in Kraft getretene Krankenhausfinanzierungsgesetz regelt das Prinzip der *dualen Finanzierung* und löste das bis dato geltende Prinzip der monistischen Finanzierung als Finanzierungsgrundlage für Plankrankenhäuser ab. Grundprinzip der dualen Finanzierung ist die Refinanzierung der Betriebskosten (und damit den Großteil der Behandlungskosten) über die Krankenkassen und der Investitionskosten über die Bundesländer. Investitionskosten sind i. d. R. Kosten, die laut

[14] Vgl. Regierungskommission für eine moderne und bedarfsgerechte Krankenhausversorgung 2023, S. 34–35.

[15] In der Bereinigung sind u.a. Kosten für Ambulanzen (8,6 Mrd. Euro) und wissenschaftliche Forschung und Lehre (4,6 Mrd. Euro) enthalten.

[16] Davon sind 27 Mrd. Euro für den Ärztlichen Dienst, 28 Mrd. Euro für den Pflegedienst, 19 Mrd. Euro für den Med.-technischen- sowie Funktionsdienst und 11 Mrd. Euro für die restlichen Dienstarten.

[17] Dieses Personal wird auch Fremdpersonal genannt und ist ein i.d.R. für kurze Zeit (für wenige Tage oder Wochen) über Zeitarbeitsfirmen eingestelltes Personal und wird hier den Sachkosten zugordnet.

[18] Vgl. Statistisches Bundesamt 2024.

Krankenhausbuchführungsverordnung (KHBV) über das Anlagevermögen bilanziell aktiviert werden müssen und somit nicht in die betriebliche Erfolgsrechnung fließen. Diese können z. B. Neu- und Wiederbeschaffungen von (medizinischen) Geräten, Umbau- oder Renovierungsmaßnahmen oder Neubauten sein. Die Art der Investitionsförderung lässt sich in Einzelförderung und Pauschalförderung unterscheiden. Einzelförderungen müssen beim Land immer beantragt werden. I. d. R. werden diese zur Finanzierung großer Neubauprojekte genutzt, aber auch die Erst- oder Wiederausstattung medizinischer Geräte mit einer mehr als dreijährigen Nutzungsdauer können hierüber beantragt werden. Die finanziellen Mittel einer Einzelförderung sind immer für den speziell beantragten Tatbestand zweckgebunden. Lediglich auf Anlagegüter zweckgebunden sind dagegen die Pauschalfördermittel, welche jedes Jahr ohne Antragstellung an die Krankenhäuser ausbezahlt werden. Die Bundesländer Brandenburg, Berlin und Hessen haben in Form einer sogenannten Investitionspauschale beide Förderungsmöglichkeiten zusammengeführt. Hier ist somit keine Unterscheidung zwischen Pauschal- und Einzelförderung mehr möglich.[19]

Die Betriebskosten werden zum Großteil über die stationären und teilweise auch teilstationären Krankenhausleistungen refinanziert. Das Berechnungsschema läuft seit dem Jahr 2004 über die sogenannten *German Diagnosis Related Groups (G-DRG)*[20]. Die DRG ist eine Fallpauschale, durch welche die Krankenhäuser für eine bestimmte Behandlung immer den gleichen Erlös bei den Krankenkassen abrechnen können. Insgesamt gibt es 1.295 verschiedene DRGs. Der einzelne DRG-Erlös ergibt sich im ersten Schritt durch eine DRG-individuelle Bewertungsrelation, multipliziert mit dem sogenannten Landesbasisfallwert. Die DRG-Bewertungsrelation ist eine vom Institut für das Entgeldsystem im Krankenhaus (InEK) kalkulierte Größe, die mit dem auf Länderebene jedes Jahr neu festgelegten Landesbasisfallwert zusammen das Ziel hat, die tatsächlichen Betriebskosten eines DRG-Falls abzubilden. Die DRG-Bewertungsrelation dient hier als Relativgewicht, um zwischen dem Kostenverhältnis der verschiedenen Behandlungen zu unterscheiden und diese in ein Verhältnis zueinander zu setzen. Der Landesbasisfallwert soll dagegen die jährliche Preissteigerung abbilden. Die Summe aller Bewertungsrelationen bildet den sogenannten *Case Mix*[21] und entspricht, mit dem jeweiligen Basisfallwert des Landes multipliziert, folgerichtig der Gesamtmenge aller DRG-Leistungen. Je komplexer und

[19] Vgl. Lauterbach et al. 2021, S. 123–140.

[20] Abgekürzt häufig nur DRG genannt.

[21] Häufig auch Case Mix Punkte (CMP) genannt.

schwerer eine Behandlung ist, desto höher sind i. d. R. auch die Kosten dieser. Daher stellt die Bewertungsrelation auch einen Indikator für die behandelte Fallschwere dar. Der gebildete Mittelwert von Bewertungsrelationen ist der sogenannte *Case-Mix-Index (CMI)*. Dieser dient der Vergleichbarkeit der mittleren Fallschwere von bspw. Fachabteilungen, Zentren, Krankenhäusern oder aber Patientengruppen mit z. B. der gleichen Hauptdiagnose. Die Bewertungsrelation kann des Weiteren von der Verweildauer, also der Aufenthaltsdauer des Patienten im Krankenhaus in Tagen, beeinflusst werden. Hier gibt es zu jeder DRG eine individuelle Spannweite an Tagen (Durchschnittsverweildauer), bei der die Bewertungsrelation nicht beeinflusst wird. So kann bspw. bei einem fiktiv angenommenen Verweildauer-Korridor von drei bis sieben Tagen der abzurechnende DRG-Erlös zweier Patienten identisch sein, obwohl hier ein Patient nur drei Tage und der andere Patient sieben Tage im Krankenhaus stationär behandelt wurde. Die Grenzen dieser Durchschnittsverweildauer nennen sich obere bzw. untere Grenzverweildauer. Bei Überschreitung der oberen Grenzverweildauer werden für jeden weiteren Behandlungstag Zuschläge in Form einer angepassten Bewertungsrelation vorgenommen, bei Unterschreitung dementsprechend Abschläge. Die Entwicklung der Verweildauer über die Jahre[22] zeigt den deutlichen Anreiz des DRG-Systems, die Verweildauer im Vergleich zum vorherigen System zu verringern, sodass sich diese auf einen Wert von circa 7,2 bis 7,3 Tage in den letzten zehn Jahren eingependelt hat.[23] Im nächsten Schritt können zu dem Produkt von Bewertungsrelation und Landesbasisfallwert sogenannte Zusatzentgelte und Erstattungen für neue Untersuchungs- und Behandlungsmethoden (NUB) addiert werden. Zusatzentgelte und NUBs werden i. d. R. jährlich individuell zwischen einem Krankenhaus und Vertretern der Krankenkassen verhandelt und hängen stark vom medizinischen Leistungsangebot eines Hauses ab. Seit dem Pflegepersonalstärkungsgesetz (PpSG) 2020 sind die durch die Pflege anfallenden Personalkosten in ein sogenanntes *Pflegebudget* ausgegliedert. Das hat den Hintergrund, dass die krankenhausindividuellen Pflegepersonalkosten vollständig erstattet werden sollen. Dieses Pflegebudget wird wieder jährlich individuell zwischen Krankenhaus und Krankenkassen verhandelt, ausgewiesen und ausgezahlt wird es jedoch fallbezogen über einen fallindividuellen Pflegeerlös. Dieser setzt sich zusammen aus einer tageswertbezogenen Bewertungsrelation, multipliziert mit einer patientenindividuellen Verweildauer und dem aus der Budgetverhandlung resultierendem krankenhausindividuellen Pflegeentgeltwert. Um

[22] Vgl. Abschnitt 2.1.

[23] Vgl. Statista 2024.

den Unterschied zu den bisherigen DRGs zu kennzeichnen, wurde das G-DRG-System ab 2020 in *aG-DRG* (ausgegliederte German-DRG) unbenannt. Auf eine weitere vertiefende Darstellung der Systematik von DRG- und Pflegeerlös wird aufgrund mangelnder Relevanz für diese Arbeit im Folgenden verzichtet. Stationäre psychiatrische und psychosomatische Leistungen werden nach einer mehrjährigen Phase der politischen Uneinigkeit und gesetzlichen Unbeständigkeit in Bezug zu diesem Thema seit 2018 verpflichtend über das Pauschalierte Entgeltsystem für psychiatrische und psychosomatische Einrichtungen (PEPP) abgerechnet. Insgesamt gibt es 86 verschiedene PEPPs. Die Höhe eines PEPP resultiert aus dem krankenhausindividuellen Basisfallwert, der Verweildauer der Patienten in Tagen und der entsprechenden Bewertungsrelation. Auf eine tieferliegende Darstellung der PEPP-Systematik wird an dieser Stelle ebenfalls verzichtet.[24]

Krankenhäuser sind in der Erbringung bzw. Abrechnung stationärer Krankenhausleistungen durch ein sogenanntes Krankenhausbudget marktwirtschaftlich begrenzt. Dieses Budget wird i. d. R. jährlich mit den Krankenkassen leistungsorientiert über die Art und Menge der zu erwartenden vollstationären Leistung neu verhandelt. Dieses Budget ist als eine Art Zielwert für das Krankenhaus gedacht und soll die ungebremste Ausweitung stationärer Krankenhausleistung verhindern, denn erbrachte Leistungen, die das verhandelte Budget übersteigen (Mehrleistungen), müssen rückwirkend durch das Krankenhaus in einen sogenannten Mehrerlösausgleich an die Kostenträger zu 65 % rückerstattet werden. D. h. im Umkehrschluss darf ein Krankenhaus bei Übersteigen des Budgets nur betriebswirtschaftlich unattraktive und nicht kostendeckende 35 % der erbrachten Mehrleistung behalten. Im umgekehrten Fall des Unterschreitens des vereinbarten Budgets erhält das Krankenhaus 20 % der Differenz zwischen erbrachtem und verhandeltem Erlös von den Kostenträgern zurück. Auch ein Unterschreiten des vereinbarten Erlösbudgets ist aus betriebswirtschaftlicher Perspektive für die Krankenhäuser unattraktiv, da Fixkosten (i. d. R. Personal und Infrastrukturkosten) für die volle Erbringung des verhandelten Leistungsbudgets zwar vorgehalten, aber dann nicht vollständig refinanziert werden. Innerhalb einer Budgetverhandlung spielen die Fixkosten des Krankenhauses eine weitere Rolle. Verhandelt das Krankenhaus mit den Kostenträgern im Vergleich zum Vorjahr eine Leistungssteigerung, wird diese mit einem sogenannten Fixkostendegressionsabschlag (FDA) von 35 % belegt. Das bedeutet, dass diese in der Budgetverhandlung prospektiv verhandelten Mehrleistungen (ähnlich wie beim Mehrerlösausgleich) nur zu 65 % refinanziert werden, da die Steigerung

[24] Vgl. Lauterbach et al. 2021, S. 123–140; Land 2018, S. 120–139.

der erbrachten Krankenhausleistung zu einer breiteren Verteilung der Fixkosten auf mehr Fälle führt. Volkswirtschaftlich kann der FDA also gedeutet werden als ein Gegensteuern gegenüber dem Anreiz der Krankenhäuser, Mehrleistungen aufgrund von steigenden Skaleneffekten zu erbringen.[25]

2.2.2 Probleme der dualen Finanzierung

Seit Einführung der DRG-Systematik im Jahre 2003 hat sich das Finanzierungssystem durch verschiedene gesetzliche Neuregelungen über die Zeit zwar leicht verändert, ist in seiner Grundstruktur und seinen primären finanziellen Anreizen jedoch bis heute unverändert geblieben. Aufgrund des nun längeren Bestehens ist eine Skizzierung der aus diesem System resultierenden Fehlanreize im Folgenden obligat.

In Bezug auf die Investitionskostenfinanzierung ist allgemein eine Unterfinanzierung festzustellen. Dies zeigt sich insbesondere daran, dass allein in den letzten zehn Jahren der Anteil der ausgezahlten Fördermittel den tatsächlichen Investitionsbedarf nicht deckt. Mithilfe einer vom InEK für jede DRG individuell entwickelten Investitionsbewertungsrelation sind die benötigten bestandserhaltenen Investitionsvolumina je Krankenhaus ermittelbar.[26] Der ableitbare Gesamtinvestitionsbedarf aller Krankenhäuser in Deutschland beläuft sich auf jährlich circa 7 Mrd. Euro.[27] Der tatsächlich ausgezahlte Betrag aller Bundesländer in Summe betrug allerdings nur knapp die Hälfte.[28] Unbeachtet der genauen Höhe dieser Finanzierungslücke führt dies seit Jahren dazu, dass die Krankenhäuser versuchen, jene Differenz durch die Betriebskostenfinanzierung zu schließen, indem i. d. R. das Effizienzverhältnis, der vom InEK ermittelten DRG von Erlösen und Kosten, überstiegen wird. Eine weitergehende Analyse der hierzu angewendeten Maßnahmen im Bereich des Krankenhausmanagements wird an dieser Stelle nicht fortgeführt. Im öffentlich-gesellschaftlichen Diskurs haben viele dieser Maßnahmen jedoch zu einem Hinterfragen der aktuellen Finanzierungssystematik der deutschen Krankenhäuser geführt, teilweise sogar zu einem Hinterfragen der gesamten stationären Versorgung. Hauptvorwurf ist hier

[25] Vgl. GKV-Spitzenverband 2023b; Lauterbach et al. 2021, S. 123–140.

[26] Vgl. InEK 2024.

[27] Vgl. GKV-Spitzenverband 2023a.

[28] Vgl. Deutsche Krankenhausgesellschaft 2022a, S. 91–100.

i. d. R. das Durchführen von nicht notwendigen Behandlungen, insbesondere von Operationen aus ökonomischer Motivation.[29]

In der Tat werden in Deutschland Behandlungen und Operationen im OECD-Vergleich eher häufig vorgenommen. Als Beispiel sind hier Herzkatheter-Eingriffe (Perkutane Koronarinterventionen), Hüftgelenksersatzoperationen (Hüft-TEPs), OPs an Leisten- und Schenkelhalshernien (Herniotomie-/plastik) sowie brusterhaltene OPs (BET) zu nennen, bei denen Deutschland im genannten Vergleich auf Platz 1 bei der Durchführung im Verhältnis zur Bevölkerung steht. Bei Koronaren Bypass-OPs, Kniegelenkersatz OPs (Knie-TEP), Mandelentfernungen (Tonsillektomie), Gallenblasenentfernungen (Cholezystektomie) oder Prostata OPs (TUR-P) belegt Deutschland bspw. immer Plätze zwischen 2 und 4.[30] Das sehr hohe Volumen an stationärer Behandlung ist nicht durch eine entsprechende Bevölkerungsstruktur begründbar. Die Bevölkerung in Deutschland hat im OECD-Vergleich eine durchschnittliche Lebenserwartung sowie eine durchschnittliche Anzahl gesunder Lebensjahre bei Geburt.[31] Vielmehr lässt sich als Indikator für dieses hohe Volumen an stationärer Leistung das gesamte DRG-System zur Betriebsmittelkostenfinanzierung identifizieren. Messerle und Schreyögg weisen in ihrer Studie von 2023 auf einen Anstieg der Krankenhausleistung von circa 20 % seit Einführung des DRG-Systems hin. Dies hänge insbesondere mit dem verbundenen Anreizsystem hinter dieser Finanzierung zusammen. Vor Beginn der DRG-Fallpauschale wurde durch die Erstattung mittels Tagespauschale eine möglichst lange Verweildauer betriebswirtschaftlich belohnt.[32] Bei einer Fallpauschale wie der DRG werden dagegen mehr Fälle mit kürzeren Aufenthaltsdauern belohnt. Weitere Gründe des starken Ausbaus der Krankenhausleistung seien zudem die hohen verfügbaren stationären Kapazitäten. Mit diesen konnte das Leistungsgeschehen um die besagten 20 % ausgebaut werden, ohne an Kapazitätsgrenzen zu stoßen. Als weiteren Grund führen die Autoren eine eher schwach ausgeprägte ambulante Krankenhausversorgung an, wobei hier

[29] Vgl. u. a. ZDFheute 2023; DIE ZEIT 2023; FAZ 2020; Deutschlandfunk 2019; Grote Westrick et al. 2019.

[30] Vgl. Kumar und Schoenstein 2013, S. 10.

[31] Die durchschnittliche Lebenserwartung in Deutschland beträgt 80,8 Jahre bei einem OECD-Durchschnitt von 80,3 Jahren im Jahr 2023. Die Anzahl gesunder Lebensjahre dagegen beträgt in Deutschland 63,5 bei einem OECD-Durchschnitt von 62,6 im Jahr 2023, vgl. OECD 2023.

[32] Bei einer Tagespauschale erhielt das Krankenhaus für jeden stationären Behandlungstag die identische Erstattungssumme.

nicht ganz klar wird, ob diese die Entwicklung begünstigt hat oder ein Resultat dieser Entwicklung ist.[33]

Dies zusammengenommen impliziert eine Kausalität zwischen der hohen stationären Krankenhausleistung in Deutschland und einer ökonomischen Motivation. Abschließend ist diese jedoch nicht gesichert nachgewiesen und wird aufgrund der Thematik dieser Arbeit auch nicht weiter untersucht. Eine ausgeprägte Korrelation ist u. a. durch die o. g. Beispiele jedoch als gesichert anzusehen.[34]

Die potenzielle Folge von systeminduzierten Fehlanreizen in der stationären Versorgung, aber auch im gesamten übrigen Gesundheitssystem, sind sogenannte *Über-, Unter- und Fehlversorgungen.* Im stationären Bereich stellt die Überversorgung das Hauptproblem dar. Der Sachverständigenrat zur Begutachtung der Entwicklung im Gesundheitswesen und in der Pflege (SVR)[35] definiert den Begriff mit „eine[r] Versorgung mit nicht indizierten Leistungen, oder mit Leistungen ohne hinreichend gesicherte[n] Netto-Nutzen (medizinische Überversorgung) oder mit Leistungen mit nur geringem Nutzen, der die Kosten nicht mehr rechtfertigt, oder in ineffizienter, also,unwirtschaftlicher‘ Form erbracht werden (‚ökonomische Überversorgung‘).“[36] Eine Abschätzung der allgemeinen Überversorgung in Deutschland ist komplex und nicht eindeutig möglich. Es gibt allerdings Hinweise aus der Literatur, die, mithilfe von Proxy-Indikatoren, auf eine existierende Über,-Unter- und Fehlversorgung in Deutschland hinweisen. Eine 2019 veröffentlichte Studie der Bertelsmann-Stiftung in Zusammenarbeit mit dem IGES Institut kommt u. a. zu dem Ergebnis, dass gut 27 % (ca. 5 Mio.) aller stationären Krankenhausfälle ambulant-sensitiv, d. h. bei ausreichender ambulanter Versorgung, vermeidbar seien.[37] Ein weiterer Indikator, der Über- und Fehlversorgung anzeigen kann, ist die *Low-Value-Care Leistung*, welche in einer aktuellen Studie von 2025 mit einer großen Anzahl von GKV-Routinedaten untersucht wurde. Je nach Definition und Auslegung kann die Low-Value-Care Leistung ein ungünstiges Kosten-Nutzen- oder Nutzen-Risiko-Verhältnis aufweisen oder von der medizinischen Leitlinie explizit als „nicht routinemäßig“

---

[33] Vgl. Messerle und Schreyögg 2024.

[34] Vgl. Klauber et al. 2020.

[35] Bis zum Jahre 2003 noch mit dem Namen Sachverständigenrat für die Konzertierte Aktion im Gesundheitswesen bekannt.

[36] Sachverständigenrat für die Konzertierte Aktion im Gesundheitswesen 2000/2001, S. 31–32.

[37] Vgl. Grote Westrick et al. 2019.

eingestuft werden.[38] Die Studie kommt zu dem Schluss, dass je nach Definition des Indikators zwischen 4 % (eng definiert) und 10,4 % (weit definiert) aller erbrachten Leistungen dieser Low-Value-Care Definition entsprechen und damit eine Fehl- oder Überversorgung darstellen.[39]

Nicht zuletzt weist auch der SVR 2018 nochmals auf das Vorhandensein von Über,- Unter- und Fehlversorgung hin, die auch durch gezieltere Steuerung im Gesundheitssystem verringert werden könnten.[40] Auf eine fortführende Darstellung der (intersektoralen) Patientenfehlsteuerung wird im Folgenden verzichtet.

2.2.3 Die Krankenhausreform in Deutschland

Nicht nur aufgrund einer in vielen Bereichen potenziell durch das DRG-System induzierten Über- und Fehlversorgung, sondern auch aufgrund einer sich insbesondere nach der Covid-19-Pandemie weiter verschärfenden finanziellen Anspannung der Krankenhäuser wurde im November 2024 ein Gesetz verabschiedet, welches in der öffentlichen Debatte häufig als *Krankenhausreform* betitelt wird. Das *Krankenhausversorgungsverbesserungsgesetz (KHVVG)* wurde durch ein von verschiedensten Stakeholdern stark kritisiertes und kontrovers diskutiertes Gesetzgebungsverfahren geprägt.[41] Die derzeit amtierende Bundesgesundheitsministerin Nina Warken hat nun eine grundlegende Fortführung und Umsetzung dieses Gesetzes angekündigt.[42] Die Reform stellt für die Krankenhauslandschaft eine seit über 20 Jahren nicht dagewesene Änderung der Krankenhausfinanzierung dar, weshalb eine kurze Darstellung dieser für diese Arbeit notwendig ist.

Grundlegend besteht die Reform aus drei entscheidenden Merkmalen: der sogenannten *Vorhaltefinanzierung*[43] aus dem KHVVG sowie den *Krankenhauslevel*n und den *Leistungsgruppen (LGs)*[44], welche im sogenannten *Krankenhaustransparenzgesetz (KHTG)* bereits im März 2024 beschlossen wurden. Auf die

[38] Die Autoren beschreiben weitere Definitionen, welche hier nicht genannt werden.

[39] Vgl. Hildebrandt et al. 2025.

[40] Vgl. Sachverständigenrat zur Begutachtung der Entwicklung im Gesundheitswesen 2018, S. 761–762.

[41] Vgl. GKV-Spitzenverband 2024, S. 6–11.

[42] Vgl. Bundesministerium für Gesundheit 15.05.2025.

[43] Vgl. Art 2 KHVVG bzw. § 4b KHG.

[44] § 135d SGB V.

weiteren Merkmale der Reform, wie den Transformationsfonds, Abrechnungsprüfungen sowie weitere liquiditätssichernde Maßnahmen, wird im Folgenden verzichtet.

Im KHTG ist zunächst eine Vergabe von LGs an die Krankenhäuser über die jeweiligen Bundesländer vorgeschrieben. LGs sind medizinisch-pathologisch klassifizierte Gruppen, denen die bestehenden DRGs genau zugeordnet werden können und als eine Art Oberkategorie für diese fungieren. Sie sind in der Leistungskategorisierung eines Krankenhauses spezifischer unterteilt als der Begriff der Fachabteilung, für dessen inkludierte Leistungsumfänge es keine festgelegten Definitionen gibt. Insgesamt gibt es 65 LGs, welche sich wiederum in allgemeine, spezielle und erweiterte LGs unterteilen lassen. Die Unterteilung der LGs ist an dieser Stelle jedoch nicht von expliziter Bedeutung, weshalb auf eine genauere Beschreibung verzichtet wird. Ein Patient wird bei einem stationären Krankenhausaufenthalt also einer eindeutigen DRG zugeordnet, welche sich wiederum einer eindeutigen LG zuordnen lässt, welche sich wiederum einer nicht eindeutigen und je nach Krankenhaus abweichenden Fachabteilung zuordnen lässt.[45] Fachabteilungen sowie die Bettenlogik[46] spielen daher für die Krankenhausplanung der Länder keine Rolle mehr, sondern dienen nur noch der internen Strukturierung der Krankenhäuser. Jede LG ist individuell mit personellen und technischen Strukturvorgaben, Qualitätskriterien und sogenannten Mindestvorhaltezahlen verknüpft, welche bundesweit einheitlich sind. Nur der nach Beantragung erfolgreiche Erhalt einer LG durch das jeweilige Bundesland berechtigt ein Krankenhaus zur Abrechnung des sich in dieser LG befindenden Leistungsspektrums. Das bedeutet im Umkehrschluss, dass nach der LG-Zuordnung ein Krankenhaus ggf. Leistungen, welche es vorher erbracht hat, nun nicht mehr erbringen darf. Bis zu diesem Gesetz gab es keine Einschränkung bei der Art des erbrachten Leistungsumfangs. Jedes Krankenhaus durfte jede Leistung erbringen, unabhängig von der Schwere und Komplexität und ohne die Erfüllung von Struktur- oder Qualitätsvorgaben.[47]

Abhängig vom Erhalt einer bestimmten Anzahl und Kategorie von LGs sind die Krankenhäuser nun speziellen Krankenhausleveln zugeteilt. Insgesamt gibt

[45] Ein Beispiel für nicht eindeutige Fachabteilungsbezeichnungen ist die Fachabteilung Innere Medizin, in der bspw. Fachabteilungen wie Kardiologie, Pneumologie, Gastroenterologie, Nephrologie, Onkologie, Rheumatologie, Infektiologie usw. mit inkludiert sind, die in anderen Häusern eigene Fachabteilungen bilden.

[46] Bettenlogik bedeutet hier, dass die Länder den bestehenden Versorgungsbedarf für ein Gebiet anhand von stationären Krankenhausbetten je Fachabteilung feststellen.

[47] Vgl. KHTG, insbesondere § 135d SGB V.

es vier Level. Am unteren Ende stehen die im KHTG als Level 1i geführten, im KHVVG als *sektorübergreifende Versorgungseinrichtungen* bezeichneten Häuser. Sie erbringen ambulante sowie teilweise stationäre Basisleistungen. Zur Sicherstellung der regionalen stationären Basisversorgung müssen diese neben einer internistischen und einer chirurgischen LG auch die LGs Intensivmedizin und Notfallmedizin vorhalten.[48] Dazwischen stehen die Fachkrankenhäuser mit der Bezeichnung *Level F*. Diese sind definiert als Krankenhäuser, die „sich auf die Behandlung einer bestimmten Erkrankung, Krankheitsgruppe oder Personengruppe spezialisiert haben und einen relevanten Versorgungsanteil in diesem Bereich leisten"[49] und nehmen damit eine Sonderrolle innerhalb der Krankenhauslevel ein. *Level II* bilden die Schwerpunktversorger, die neben zwei internistischen und zwei chirurgischen LGs auch die Gruppen Intensivmedizin und Notfallmedizin sowie drei weitere LGs zugeteilt bekommen müssen. Das höchste Level ist in *Level III* und *Level IIIU* gegliedert und umfasst die Krankenhäuser der Maximalversorgung. In Level IIIU sind die Universitätskliniken eingruppiert, welche Aufgaben in der regionalen Koordination der Versorgung und in der Unterstützung anderer Krankenhäuser über Zentren und Telemedizin wahrnehmen sollen. Die Zuordnung erfolgt je nach Erhalt einer bestimmten Anzahl und Kategorie von LGs.[50]

Im KHVVG ist der wichtigste Aspekt die *Vorhaltefinanzierung*, welche im Folgenden kurz beschrieben wird. Ziel der Finanzierung ist das Stoppen der Leistungsausweitung aus betriebswirtschaftlichen Anreizen, indem bei der Betriebskostenerstattung die bestehende mengenabhängige Variable um eine fixe Variable ergänzt wird. Konkret sollen 60 % der anfallenden Fallkosten durch ein Vorhaltebudget finanziert werden. Um dies genauer zu verdeutlichen, bietet sich eine schrittweise Herleitung vom jetzigen Betriebskostenfinanzierungssystem zum im KHVVG geplanten System an. Status Quo ist hier die Erstattung durch Addition von aDRG und dem Pflegebudget.[51] Im Ersten Schritt werden aus der aDRG die variablen Sachkosten ausgegliedert. Im zweiten Schritt wird aus dem 40-prozentigen Anteil der um die variablen Sachkosten verminderten aDRG sowie dem vollen Anteil der addierten variablen Sachkosten die sogenannte *residual-DRG (rDRG)* gebildet. Die restlichen 60 % aus der um die variablen Sachkosten verminderten aDRG sowie dem gesamten Pflegekostenanteil bilden den Vorhalteanteil. Zusammengefasst ergeben sich für eine Fallkostenberechnung hieraus

[48] Vgl. weiterführend § 115g SGB V.

[49] § 135d Absatz 4 Satz 3 SGB V.

[50] Vgl. KHTG, insbesondere § 135d Absatz 4 SGB V.

[51] Vgl. Abschnitt 2.2.1.

resultierend drei Erlösbestandteile: eine *DRG-, Vorhalte- und Pflegebewertungsrelation.* Im Vorhalteanteil sind die Pflegekosten also inkludiert, die variablen Sachkosten exkludiert. Aus der Argumentation, dass bei der Umwandlung der Erlöse bspw. aus dem Jahr 2026 im Jahr 2027 aufgrund der ausschließlichen Erstattung der rDRG bei einer über dem Bemessungsjahr steigenden Leistung ein mengendämpfender Effekt eintreten würde, ist im Gesetz mit einem *20 % Korridor* weiterhin eine mengensteuernde Komponente vorhanden. Konkret bedeutet dies, dass das InEK alle drei Jahre einen neuen Vorhalteanteil berechnet, wenn die Fallzahl des Standortes zum Vorjahr um 20 % abweicht. Hieraus sind konkret zwei betriebswirtschaftliche Anreize die Folge. Zum einen ist vor erstmaligem Festsetzen der Vorhaltebudgets der Anreiz der möglichst maximalen Fallzahlausweitung gegeben, um ein möglichst hohes Vorhaltebudget zu erhalten. Zum anderen besteht dann der Anreiz in den nächsten Jahren bei einem Fallzahlrückgang < 20 % die Betriebskosten bei gleichzeitiger Aufrechterhaltung der Vorhaltebudgeterstattungen zu senken. Aus Managementperspektive wäre bspw. bei Festlegung des Vorhaltebudgets eine kapazitätsüberschreitende Ausweitung (um 20 %) und danach eine Reduktion der Leistung (um 19 %) innerhalb des Korridors optimal. Einer fortführenden objektiven Abschätzung der Auswirkungen auf die Krankenhauslandschaft sei an dieser Stelle nicht weiter nachgegangen. Mit der genannten Änderung der Krankenhausfinanzierung wird laut dem Bundesministerium für Gesundheit (BMG) das Ziel verfolgt, die aktuell kleineren, existenzbedrohten Krankenhäuser zu erhalten.[52]

Der gesamten Vorhaltefinanzierung liegt zudem die Annahme einer Kausalität zwischen Qualität und Menge der erbrachten medizinischen Leistung zugrunde. Dies ist in der Literatur seit langem ausreichend belegt.[53] Hinzu kommen weitere qualitätssteigernde Faktoren wie die Bevorzugung bei der Erbringung verwandter Leistungsgruppen und Strukturvorgaben bei Personal, Material, Geräten und Prozessen.[54] Die gesamte Reform hat eine starke Spezialisierung und Zentralisierung von Leistung zur Folge. Die Struktur- und Mengenanforderungen der LGs sind in solcher Weise konzipiert, dass bspw. ein aktuell typisches Grund- und Regelversorgendes Krankenhaus vor die Entscheidung gestellt wird, welche bestehenden Fachrichtungen strukturell ausgebaut werden müssen, um sie betreiben zu dürfen, und welche Abteilungen im Gegenzug schließen müssen. Die Folge hieraus ist

[52] Vgl. Art 2 KHVVG, insbesondere Punkt 7d bzw. § 4b KHG.

[53] Vgl. Halm et al. 2002.

[54] Vgl. KHTG vom 27.03.2024.

eine Zunahme des spezialisierten und eine Abnahme des breiten Leistungsangebotes. Dies war bis zuletzt der größte Kritikpunkt der Länder, weshalb das Gesetz im Bundesrat nur mit knapper Mehrheit verabschiedet wurde.

Der allgemeine gesetzliche Ablauf des KHVVG sieht eine zeitlich schrittweise Einführung des Gesetzes vor. In einer zunächst *budgetneutralen Phase* in den Jahren 2025 und 2026 sollen die LGs nach NRW-Systematik zugeteilt werden. Die im KHVVG bundeseinheitlichen LGs werden dann 2027 verteilt. Gleichzeitig wird auf Grundlage der Vorjahre das Vorhaltebudget ermittelt. Bis 2028 läuft dann für zwei Jahre eine sogenannte *Konvergenzphase*, in der das Vorhaltebudget noch keine Auswirkungen hat. Ab 01.01.2029 soll das Vorhaltesystem dann schlussendlich in die Umsetzung gehen.[55]

Dieser Zeitplan ist nach dem Bruch der Ampel-Koalition nun de facto nicht mehr einhaltbar. Zwar hat die neue Gesundheitsministerin Nina Warken eine grundlegende Fortführung und Umsetzung der verabschiedeten Reform angekündigt, allerdings mit diversen Änderungen. Diese sollen in Form eines sogenannten *Krankenhausreform-Anpassungsgesetzes (KHAG)* umgesetzt werden, dessen Referentenentwurf im August 2025 vom BMG veröffentlicht wurde. Durch Bund-Länder-Abstimmungen ist jedoch absehbar, was das KHAG bereits beinhalten soll. Zunächst soll hier durch einen *Soforttransformationskosten* betitelten Rechnungsaufschlag auf alle voll- und teilstationären somatischen Fälle von 3,45 % circa 4 Mrd. Euro über das Sondervermögen Infrastruktur ausgeschüttet werden, um weitere akute Krankenhausinsolvenzen abzuwenden. Zu nennen ist hier jedoch der Vorbehalt des laufenden parlamentarischen Verfahrens.[56] An der Vorhaltevergütung soll indes weiter festgehalten werden, wobei geplant ist, die o. g. Konvergenzphase um ein Jahr zu verlängern. Bei der LG-Systematik soll hingegen wieder auf die ursprüngliche NRW-Systematik von 60 LGs reduziert werden. Lediglich die „Spezielle Traumatologie“ soll bestehen bleiben, sodass in Summe 61 LGs verteilt werden sollen. Alle inhaltlich erwähnten Punkte des KHAG sowie das Gesetz als solches befinden sich noch im Anfangsstadium des politischen Gesetzgebungsprozesses und sind somit in der wissenschaftlichen Einordnung des KHVVG nur als ungesicherte Prognosen einzustufen.[57]

---

[55] Vgl. das Krankenhaus 2024.

[56] Stand: 01. August 2025.

[57] Vgl. Bundesministerium für Gesundheit 03.07.2025; Referentenentwurf der Bundesregierung zum KHAG vom 05.08.2025.

2.3 Öffentliche Beihilfe für Krankenhäuser

2.3.1 Formen der öffentlichen Beihilfe für Krankenhäuser

Diese Arbeit beinhaltet primär eine Analyse der öffentlichen Beihilfe von Kommunen an Krankenhäuser. Hierzu sind die Erläuterungen und Definitionen von Begriffen und gesetzlichen Bestimmungen notwendig, wobei durch den ökonomischen Schwerpunkt dieser Arbeit die folgenden juristischen Aspekte nicht in voller Tiefe behandelt werden.

Öffentliche Beihilfe ist Teil des EU-Rechts und wird geregelt im Vertrag über die Arbeitsweise der Europäischen Union (AEUV), welche zusammen mit dem Vertrag über die Europäische Union (EUV) die rechtliche Grundlage der EU bilden. Das AEUV spricht hier von „Staid aid", womit alle öffentlichen Gelder gemeint sind. Auch wenn im juristischen Kontext der Begriff der „staatlichen" Beihilfe geläufiger ist, bietet sich gerade in Bezug auf die föderalistisch aufgebaute Bundesrepublik Deutschland und den Fokus dieser Arbeit auf kommunale Strukturen der Begriff der „öffentlichen" Beihilfe an. Öffentliche Beihilfe liegt konkret dann vor, wenn selektiv einem wirtschaftlich tätigen Unternehmen aus öffentlichen Mitteln ein Vorteil gewährt oder verschafft wird, der den Markt oder Wettbewerb beeinflusst.[58]

Öffentliche Beihilfe ist grundsätzlich in der gesamten EU verboten. Ausnahmen stellen eine EU-Genehmigung (Stand-still Regel) oder Standardfälle dar, die in Form von Gruppenfreistellungen von der EU pauschal genehmigt sind. Eine weitere pauschale Freistellung gibt es bei kleinen Beihilfebeträgen (De-minimis-Regel)[59], für die es ebenfalls keine Anmeldung und Genehmigung braucht. Handelt der Beihilfe Gewährende wie ein privater Investor oder Kreditgeber (Market-Economy-Operator), es erfolgt also kein unmittelbarer marktwirtschaftlicher Vorteil, liegt nach Urteil des Europäischen Gerichtshof (EuGH) von 2012 ebenfalls keine Beihilfe vor.[60] Als letzte und für diese Arbeit wichtigste Ausnahmeregelung sind *Dienstleistungen von allgemeinem wirtschaftlichem Interesse (DAWI)* zu nennen, unter welche explizit auch (kommunale) Krankenhäuser gezählt werden.[61] Voraussetzung für die Beihilfe einer DAWI ist ein sogenannter

---

[58] Vgl. Art. 107 AEUV.

[59] Unter die Regel fallen Beträge von maximal 750 Tsd. Euro über drei Jahre.

[60] EuGH, Urteil vom 05.06.2023, C-124/10 P, Kommission/EDF, Neue Juristische Wochenschrift 2012, S. 2555.

[61] Vgl. Europäische Kommission 2012, Abs. 11.

Betrauungsakt, eine förmliche Verpflichtung, in der u. a. die Erbringung des Empfängers festgehalten ist. Des Weiteren muss eine Überkompensation vermieden werden, also eine Beihilfe, die über das Nötige hinaus geht.[62]

Es gibt verschiedene Formen der öffentlichen Beihilfe, welche sich allgemein in eine direkte und in eine indirekte Beihilfe unterteilen lassen. Direkte Hilfe meint hier zum einen direkte Geldzahlungen, z. B. in Form von Defizitausgleichen oder Investitionskostenzuschüssen. Dem Zahlenden steht es dabei frei, ob die Zahlungen einen zweckgebundenen Charakter aufweisen sollen. Bei Defizitausgleichen ist dieser Verwendungszweck obsolet, da es sich hier i. d. R. um den Ausgleich von entstandenem betriebswirtschaftlichem Misserfolg auf ein ausgeglichenes Erfolgsergebnis (schwarze Null) handelt. Bei Investitionszahlungen dagegen kann der Zahlende, z. B. ein Landkreis, seinem Zahlungsempfänger, z. B. einem Krankenhaus, vertraglich vorschreiben, wie die Gelder zu verwenden sind. Dies kann allgemein bspw. für ein bestimmtes Bau- oder Sanierungsprojekt, aber auch sehr speziell, bspw. für die Anschaffung eines neuen medizinischen Gerätes, sein. Eine Zweckbindung der Gelder bei einer Investitionskostenzahlung ist allerdings optional. Zudem ist es nicht festgelegt, dass ein als „Investitionskostenzuschuss" ausgewiesener Betrag[63] für Investitionen im Allgemeinen verwendet werden muss.[64] Neben Defizit- und Investitionszahlungen sind auch die Gewährung von Darlehen zu unüblichen Marktpreisen, der Verkauf von Grundstücken oder Gebäuden unter dem Marktwert oder der Erlass von Mieten oder sonstigen Abgaben zu nennen. Ebenfalls der Erlass der Rückzahlungen von gewährten Darlehen ist eine Art der Beihilfe. Bei Krankenhäusern, deren Trägerschaft sich in kommunaler Hand befindet, bspw. durch mehrheitliche Gesellschafteranteile eines Landkreises oder einer Stadt, ist es in der Praxis durchaus üblich, dass hier einfach bilanziell das Eigenkapital aus den bestehenden Verbindlichkeiten erhöht wird.[65]

Als passive Form der öffentlichen Beihilfe ist das Auftreten des Gesellschafters vor anderen Institutionen, i. d. R. Kreditinstituten, gemeint. Hier wird durch das Gewährleisten von verschiedenen Sicherheiten gegenüber den Kreditinstituten ebenfalls Einfluss auf das Marktgeschehen genommen. Im Allgemeinen lassen sich diese Sicherheiten in drei Arten unterteilen: Die *Bürgschaft*, hier als erste Form genannt, ist ein einseitig verpflichtender Vertrag, bei dem sich ein Bürge gegenüber einem Gläubiger dazu verpflichtet, die vertraglich

[62] Vgl. Art. 108 AEUV; Europäische Union 2012.

[63] Siehe auch Abschnitt 2.3.2.

[64] Vgl. Art 5 Abs. 1–3 SGEI-Beschluss 2012/21/EU.

[65] Vgl. hierzu bspw. Stadt Köln 18.12.2024, S. 4.

zustande kommenden Verbindlichkeiten des Schuldners zu übernehmen, falls der Schuldner zahlungsunfähig wird.[66] Konkret könnte der Schuldner hier ein kommunales Krankenhaus sein, welches bspw. aufgrund von Liquiditätsengpässen ein Betriebskostendarlehen bei einer Bank (Gläubiger) aufnehmen möchte. Die Bank gewährt dieses Darlehen aufgrund einer zu geringen Bonität des Krankenhauses, jedoch erst nach der vertraglichen Zusicherung des Landkreises (Bürge), der für das Krankenhaus bei Zahlungsunfähigkeit einspringen muss. Eine *Patronatserklärung* dagegen ist die Zusage eines Patronats an i. d. R. eine Tochtergesellschaft, alles zu tun, damit diese ihre Verbindlichkeiten oder Verpflichtungen erfüllen kann. Unterschieden wird hier zwischen einer sogenannten harten und weichen Patronatserklärung. Eine harte Patronatserklärung ist, ähnlich wie eine Bürgschaft, eine Leistungsverpflichtung in Form eines „unechten Vertrags zugunsten Dritter“[67], wogegen der Gläubiger einen einklagbaren Anspruch auf Erfüllung oder Schadensersatz hat.[68] Ein Beispiel wäre hier ein Landkreis, der seinem Krankenhaus zusichert, das bilanzielle Eigenkapital immer über einer bestimmten Grenze zu halten oder bei geplanten Darlehen des Krankenhauses im Notfall mit einem bestimmten Betrag einzuspringen. Eine weiche Patronatserklärung ist dagegen eher eine Art Absichts- oder Informationserklärung des Patrons. Sie ist zudem i. d. R. nicht juristisch bindend, weshalb nur in Ausnahmefällen Anspruch auf Erfüllung besteht.[69] Die dritte und letzte Form der passiven öffentlichen Beihilfe ist ähnlich abstrakt wie Patronatserklärungen. Das Leisten von Garantien ist juristisch komplex und nicht universell darstellbar. Es gibt verschiedene Arten von Garantien,[70] welche je nach Form und inhaltlicher Ausgestaltung unterschiedliche Auswirkungen auf die marktwirtschaftlichen Verhältnisse haben können. Bspw. können sie je nach Ausgestaltung in ihrem Charakter sowohl einer Bürgschaft oder auch einer weichen Patronatserklärung nahekommen. Daher ist von einer weiteren juristischen Ausführung der verschiedenen Garantien an dieser Stelle abgesehen.[71]

[66] Vgl. § 765 BGB.

[67] Vgl. BGH, Urteil vom 25.11.1991 – III ZR 199/90, BGHZ 117, 323, S. 327.

[68] Vgl. BGH, Urteil vom 30.01.1992 – IX ZR 112/91, BGHZ 117, 127, S. 130.

[69] Vgl. haufe.de 13.07.2021.

[70] Verschiedene Arten von Garantien sind z. B. Zahlungsgarantien, Erfüllungsgarantien, Anzahlungsgarantien oder Bietungsgarantien.

[71] Vgl. § 780 BGB und haufe.de 13.07.2021.

2.3.2 Nachweispflicht kommunaler öffentlicher Beihilfe

Öffentliche Beihilfe muss nach EU-Recht transparent ausgewiesen werden. Im Falle der DAWI-Beihilfe muss ab einer Ausgleichsleistung von mehr als 15 Mio. Euro pro Jahr der entsprechende Betrauungsakt[72] und der jährliche Beihilfebetrag transparent angezeigt werden.[73] Angelehnt an das bereits mehrfach verwendete Beispiel eines Landkreises und eines kommunalen Krankenhauses muss der Landkreis die DAWI-Zahlungen ab dem o. g. Wert an das entsprechende Landesministerium (i. d. R. das Wirtschafts- oder Innenministerium) melden. Die entsprechende Behörde des Landesministeriums überprüft die Angaben des Landkreises formell und leitet sie an das Bundesministerium für Wirtschaft und Energie (BMWE)[74] weiter. Das BMWE trägt diese Meldung in eine nationale Beihilfetransparenzdatenbank ein. Aus dieser findet eine automatisierte Übermittlung an die EU-Datenbank statt, welche öffentlich einsehbar ist.[75] Aufgrund der mangelnden Relevanz für diese Arbeit, wird auf die anderen EU-rechtlichen Bestimmungen der Transparenzpflicht im Folgenden verzichtet.

Ein Landkreis ist neben der EU-Regelung auch einer kommunalen Regelung zur Transparenz von öffentlichen DAWI-Beihilfen verpflichtet. Diese unterscheidet sich je nach Bundesland, besitzt im Vergleich zum EU-Gesetz aber keine Grenze, ab der eine Anzeige verpflichtend ist. Bundesweit müssen Kommunen jährlich Informationen veröffentlichen, die den entsprechenden Rat der Kommune sowie die Öffentlichkeit über die Beteiligungen an Unternehmen informieren. In dem sogenannten *Beteiligungsbericht* müssen i. d. R. Informationen zum Gegenstand, dem Verhältnis und den Organen der Beteiligung stehen sowie Angaben zur wirtschaftlichen Lage und Finanz- und Leistungsbeziehungen. Die genauen Regelungen sind in den gesetzlichen Haushalts- und Kommunalordnungen der jeweiligen Länder festgelegt.[76]

[72] Vgl. Abschnitt 2.3.1.

[73] Vgl. Art. 7 SGEI-Beschluss 2012/21/EU.

[74] Dies wird seit der aktuellen Legislaturperiode 2025 ausgeführt, zuvor hatte das Ministerium je nach Legislatur z.T. andere Bezeichnungen.

[75] Vgl. Europäische Kommission o. J.; Bundesministerium für Wirtschaft und Energie o. J.

[76] Vgl. Tab. 2.1.

Tab. 2.1 Rechtsvorschriften der Bundesländer zu Beteiligungsberichten

Bundesland / Stadtstaat	Rechtsvorschrift für Beteiligungsberichte
Hessen	§ 123a HGO
Rheinland-Pfalz	§ 90 GemO RP
Baden-Württemberg	§ 105 GemO BW
Nordrhein-Westfalen	§ 117 GO NRW
Bayern	Art. 94 Abs. 3 BayGO
Niedersachsen	§ 151 NKomVG
Sachsen-Anhalt	§ 130 KVG LSA
Saarland	§ 115 KSVG
Thüringen	§ 75a ThürKO
Schleswig-Holstein	§ 109a GO SH
Brandenburg	§ 98 BbgKVerf
Mecklenburg-Vorpommern	§ 73 KV M-V
Sachsen	§ 99 SächsGemO
Berlin	§ 65 Abs. 2 Satz 2 LHO Berlin
Hamburg	§§ 66–67 LHO Hamburg
Bremen	§ 102 Abs. 1 Nr. 3 LHO Bremen

Grundsätzlich lässt sich sagen, dass sich die Regelungen in ihrer Härte, wie explizit also die öffentlichen DAWI-Beihilfen ausgewiesen werden müssen, unterscheiden. Die Bundesländer Hessen, Rheinland-Pfalz, Baden-Württemberg und Nordrhein-Westfalen stellen in ihren Regelungen die stärksten Anforderungen. Bspw. müssen hier im Beteiligungsbericht sämtliche Zahlungen separat in einer eigenen Passage dargestellt werden. In den Ländern Bayern, Niedersachsen, Sachsen-Anhalt, Saarland, Thüringen und Schleswig-Holstein dagegen müssen diese zwar auch ausgewiesen werden, jedoch bedarf es hierfür keiner eigenen Textpassage. Die Art der Darstellung im Text des Beteiligungsberichtes ist hier freier, womit die Gefahr des Übersehens für die Öffentlichkeit höher ist. In den übrigen Ländern Brandenburg, Mecklenburg-Vorpommern, Sachsen sowie den drei Stadtstaaten ist die Regelung der Anzeigepflicht noch freier. Hier ist es i. d. R. verpflichtend, die wirtschaftliche Lage des beteiligten Unternehmens darzustellen. Je nach individueller Auslegung der Kommune von der entsprechenden gesetzlichen Regelung könnte hier ggf. sogar auf die konkrete Angabe der Höhe der Beteiligung an dem Unternehmen verzichtet werden.[77]

2.4 Aktueller Forschungsstand

Die Analyse dieser Arbeit befasst sich mit der Art und Höhe geleisteter kommunaler Beihilfe an öffentliche Krankenhäuser. Vor Durchführung dieser Analyse gilt es im Folgenden den aktuellen Forschungsstand zu erfassen.

Der deutsche Landkreistag geht nach einer Befragung davon aus, „dass die Landkreise allein im Jahr 2024 mindestens gut 3 Mrd. € aus ihren Kreishaushalten aufgewendet haben, um nur das wirtschaftliche Überleben ihrer eigenen Krankenhäuser zu sichern".[78] Das methodische Vorgehen sowie die detaillierten Ergebnisse veröffentlichte der Landkreistag hierzu nicht. Für eine wissenschaftliche Einordnung dieser Aussage fehlen hier fundamentale Informationen wie Definition der einbezogenen Zahlungen (Defizitausgleiche, Investitionskostenzahlungen, Darlehensgewährungen usw.), der betrachtete Stichtag, die Rücklaufquote sowie die aufgrund dessen verwendete statistische Hochrechnungsmethodik. Des Weiteren ist die Objektivität des Landkreistages als durchführende Institution der Umfrage aufgrund ihrer klaren Interessensvertretungsaufgaben anzuzweifeln. Die Zahl wurde 2025 von der Wirtschaftsprüfungs- und Beratungsgesellschaft Curacon in einem Whitepaper zur strukturellen Unterfinanzierung der Krankenhauslandschaft verwendet, um diese auf alle kommunalen Krankenhausbetten hochzurechnen. So seien im Jahr 2024 rund. 4 bis 5 Mrd. Euro an „Unterstützungs- und Defizitausgleichs-Leistungen" gezahlt worden. Pro Krankenhausbett ergebe dies somit circa 20 Tsd. Euro.[79] Zwar wird hier das Fehlen einer systematischen Gesamterfassung der kommunalen Unterstützung mit dem Mangel an einer transparenten Datenlage begründet, das Verwenden der wissenschaftlich nicht bewertbaren Aussage des deutschen Landkreistages und die fehlende Transparenz der weiterführenden Berechnung führen jedoch auch hier zu einer unzulässigen Bewertung und werden folglich in dieser Arbeit nicht weiter beachtet.

Eine identische Situation zeigt sich bei der gemeinsamen Pressemitteilung des Landkreistages Niedersachsen mit dem Niedersächsischen Städtetag, dem

[77] Vgl. die gesetzlichen Einzelnormen aus Tab.2.1.

[78] Deutscher Landkreistag 2024, S. 1.

[79] Vgl. Curcaon 2025, S. 6.

Niedersächsischen Städte- und Gemeindebund sowie der Niedersächsischen Krankenhausgesellschaft von 2024. Diese sprechen von 586 Mio. Euro, die die Landkreise und kreisfreien Städte im Jahr 2023 zur Stützung ihrer Kliniken hätten aufwenden müssen.[80] Auch hier ist eine Bewertung der Aussagekraft jener Zahl aufgrund weiterer fehlender Informationen zu Methodik und Ergebnissen nicht möglich.

Der Landkreistag Baden-Württemberg spricht 2024 in einer gemeinsamen Pressemitteilung mit dem Städtetag sowie der Krankenhausgesellschaft des Landes Baden-Württemberg von 1,6 Mrd. Euro, mit denen baden-württembergische Landkreise Kliniken „unter die Arme gegriffen" hätten. Für das Jahr 2024 rechne man mit Unterstützungsbeiträgen in Höhe von 790 Mio. Euro.[81] Neben dieser uneindeutigen Formulierung, die keinen Rückschluss auf die genaue Art der öffentlichen Beihilfe ermöglicht, sind auch diese Zahlen aus den identischen Gründen wie zuvor nicht bewertbar und bis zum Bekanntwerden von methodischen Informationen für die wissenschaftliche Forschung nicht weiter zu beachten.

Der Bundesverband Deutscher Privatkliniken e. V. (BDPK) kommt 2025 zu dem Schluss, dass der Defizitausgleich an kommunale Krankenhäuser im Jahre 2023 bei mindestens 900 Mio. Euro läge.[82] Grundlage hierfür ist das Sammeln von Presseartikeln, welche transparent nach Datum und Höhe des Defizitausgleiches dargestellt werden. Die Bezeichnung „Defizitausgleich" ist hier kritisierbar. Bspw. wird auf einen Zeitungsartikel verwiesen, der den Defizitausgleich von 83 Mio. Euro der Stadt Köln an die Kliniken der Stadt Köln belegen soll. Im Artikel selbst wird allerdings von einem Darlehen gesprochen, welches u. a. zur Deckung des erwarteten Verlustes dienen soll.[83] Es handelt sich somit nicht um einen reinen Defizitausgleich, sondern um ein Gesellschafterdarlehen zu nicht näher beschriebenen Konditionen.[84] Unabhängig davon ist auch hier die wissenschaftliche Aussagekraft dieses Wertes gering. Das unstrukturierte Zusammenstellen journalistischer Beiträge als methodisches Vorgehen erlaubt keine systematische Überprüfung von Reliabilität und Validität und entspricht keinem anerkannten Studiendesign. Daher wird auf die Ausführung der weiteren Kritik an dieser Stelle verzichtet.

---

80 Vgl. Landkreistag Niedersachsen 2024, S. 2.

81 Vgl. Landkreistag Baden-Württemberg 2024.

82 Vgl. Bundesverband Deutscher Privatkliniken 2025b.

83 Vgl. Kölnische Rundschau 13.03.2023.

84 Vgl. Abschnitt 2.3.1.

Belastbarere Zahlen veröffentlichte der Hessische Landesrechnungshof im Jahr 2024 in einem publizierten Klinikbericht. Hier sind insgesamt acht Landkreise und kreisfreie Städte mit deren Kapitalerhöhungsmaßnahmen sowie geleisteten Darlehen an öffentliche Krankenhäuser für die Jahre 2018 bis 2022 dargestellt. Aus den Daten ist für den betrachteten Zeitraum eine öffentliche Beihilfe in Form von Kapitalerhöhungen von insgesamt 56,8 Mio. Euro und gewährleisteter Darlehen von 145,5 Mio. Euro erkennbar.[85] Zwar können diese Daten aufgrund der veröffentlichten Institution[86] und der transparenten Darstellungsweise als solide Statistik gewertet werden, aufgrund des kleinen Betrachtungsraumes sind sie jedoch nur schwer auf ganz Deutschland generalisierbar.

Im Allgemeinen lässt sich festhalten, dass die Literatur in Bezug auf Statistiken oder systematische Studien zur kommunalen öffentlichen Beihilfe von Krankenhäusern eine enorme Lücke aufweist. Über die Höhe von bspw. geleisteten Defizitausgleichen gibt es keinerlei systematisch durchgeführte Studien, welche durch Transparenz ihrer Methodik und Forschungsergebnisse ein Sicherstellen der wissenschaftlichen Gütekriterien ermöglichen. Es existieren jedoch vereinzelt Publikationen mit verschiedenen journalistischen Ansätzen, deren Aussagekraft allenfalls explorative Ansätze in diesem Forschungsfeld bietet. Die Notwendigkeit zur Forschung ist somit gegeben.

Nicht zuletzt beschreibt die Monopolkommission des Deutschen Bundestages Probleme, die sich aus staatlichen Beihilfen ergeben könnten. Deren Ausmaß lasse sich jedoch erst auf Basis belastbarer Daten abschließend beurteilen. Eine solche Datenlage liege derzeit nicht vor, weshalb hier nur einzelne Beispiele staatlicher Beihilfen genannt werden.[87]

Diese Arbeit untersucht die kommunale öffentliche Beihilfe an öffentlichen Krankenhäusern vor dem Hintergrund der Forschungsfragen *F1*, *F2* und *F3*. *F1* stellt die Frage, welche öffentlichen Beihilfen öffentlichen Krankenhäusern im Zeitraum von 2018 bis 2024 durch Landkreise, kreisfreie Städte und Stadtstaaten gewährt wurden und in welchem Umfang deren Finanzierung erfolgte. *F2* fragt nach den Hinweisen auf mögliche Zusammenhänge zwischen der Höhe öffentlicher Ausgleichszahlungen und der Häufigkeit von Insolvenzverfahren bei öffentlichen Krankenhäusern im Rahmen einer explorativen Vollerhebung, ohne dabei eine kausale Interpretation anzustreben. *F3* fragt nach den Unterschieden

[85] Vgl. Hessischer Rechnungshof 2024, S. 101.

[86] Vgl. zur Transparenzverpflichtung der öffentlichen Beihilfe Abschnitt 2.3.2.

[87] Vgl. Deutscher Bundestag 2022, S. 116–123.

in der Verteilung öffentlicher Beihilfe in Abhängigkeit von der Bevölkerungsdichte der Landkreise. Zur dritten Forschungsfrage wird die folgende Hypothese H_1 aufgestellt:

H_1: Mit zunehmender Bevölkerungsdichte eines Landkreises steigt tendenziell die Höhe der gewährten öffentlichen Beihilfen an öffentliche Krankenhäuser.

Aufgrund des niedrigen Forschungsstands sind die Forschungsfragen eher explorativer Art. Die aufgestellte Hypothese begründet sich durch die bereits erwähnte journalistische Recherche des Bundesverbandes Deutscher Privatkliniken e. V. Hier sind aus den Daten von Städten wie Berlin und Köln hohe öffentliche Beihilfen erkennbar.

3 Methodik

3.1 Untersuchungsdesign und Erhebungsumfang

Das Ziel dieser Arbeit ist die Untersuchung von kommunaler Beihilfe an öffentliche Krankenhäuser vor dem Hintergrund eines möglichen Zusammenhangs der geleisteten Höhe von öffentlicher Beihilfe und der Häufigkeit eröffneter Insolvenzverfahren. Zur Erhebung des Volumens, d. h. der konkreten Höhe der geleisteten Beihilfe, ist ein *quantitativer* Erhebungsansatz gewählt worden. Für ein möglichst genaues Ergebnis ist hier eine *Vollerhebung* durchgeführt worden. Aufgrund der beschriebenen hohen Forschungslücke auf diesem Gebiet ist die Untersuchung eher explorativer Art und strebt keine kausale Interpretation zwischen der Höhe der öffentlichen Beihilfe und der Häufigkeit der eröffneten Insolvenzverfahren an. Der Untersuchungszeitraum umfasst die Jahre 2018 bis 2024. Dies hat insbesondere den Grund, dass von 2020 bis circa 2023 die Covid-19-Pandemie das Weltgeschehen und insbesondere auch das Gesundheitssystem und die Krankenhäuser in Deutschland beeinflusste.[1] Um Untersuchungen in diesem Zeitraum und die komplexen wirtschaftlichen Auswirkungen der Pandemie abschätzen und einordnen zu können, bedarf es der Betrachtung von Prä- und Post-Pandemie-Jahren.

Untersucht wurde ein Teil der kommunalen Strukturen in Deutschland. Die Kommune als solche ist ein Sammelbegriff für Landkreise, Kreisfreie Städte sowie kreisangehörige Städte.[2] Landkreise und kreisfreie Städte sind in Deutschland die häufigsten Träger von öffentlichen Krankenhäusern, weshalb auch nur

[1] Vgl. Robert Koch-Institut o. J.

[2] Vgl. Bundeszentrale für politische Bildung 2022.

S. Möbius, *Die versteckte dritte Säule der Krankenhausfinanzierung*, BestMasters,
https://doi.org/10.1007/978-3-658-52882-9_3

diese untersucht wurden. Kreisangehörige Städte wurden ausgeschlossen. Zu der gleichen Querschnittsebene von Landkreisen und kreisfreien Städten gehören ebenfalls die drei Stadtstaaten in Deutschland. Daher wurden diese in die Untersuchung inkludiert. Die Erhebung ist keine vergleichende Studie, d. h. es gibt keine weitere Untersuchungsgruppe aus dem privaten oder freigemeinnützigen Trägerbereich. Dies hat den Grund, dass bei diesen Trägerarten das strukturelle Erfassen der erhaltenen Beihilfe mit öffentlich verfügbaren Daten nicht möglich ist. Es existiert keine gesetzliche Grundlage, die das (korrekte) Veröffentlichen von solchen Daten vorschreibt. Des Weiteren macht die vorhandene Trägerdiversität der privaten, aber insbesondere der freigemeinnützigen Träger (bspw. durch kirchliche Strukturen) einen differenzierten Vergleich mit öffentlichen Trägern äußerst komplex. Dies kann in dieser Arbeit nicht geleistet werden, weshalb diese Arbeit nur die öffentlich-rechtliche Trägerart untersucht.

Grundlage für die Identifikation der Landkreise, kreisfreien Städte und Stadtstaaten[3] war das Verzeichnis der Krankenhäuser und Vorsorge- oder Rehabilitationseinrichtungen in Deutschland 2023[4], welches vom Statistischen Bundesamt herausgegeben wird.[5] Das Verzeichnis beinhaltet u. a. alle Krankenhäuser in Deutschland inklusive deren Bettenanzahl, deren Trägername, das Bundesland, den Landkreis, die Gemeinde, die Adresse sowie deren Trägerkategorie[6]. Krankenhäuser, die zwar in der Kategorie „öffentlich" geführt, jedoch nicht von Landkreisen getragen werden (z. B. Universitäts- und Hochschulkliniken, landeseigene Einrichtungen, Bundeswehrkrankenhäuser etc.), wurden nach ihrer Identifikation aus der Betrachtung ausgeschlossen. Die Auswahl der untersuchten Landkreise basiert auf einer vorangegangenen Analyse der Trägerschaften. Ausgeschlossen wurden Landkreise, die ein Krankenhaus der genannten Kategorie führen oder bei denen keine unternehmerische Mehrheitsbeteiligung vorliegt. Die Gesamtheit der Landkreise (Abb. 3.2) ist somit das passive Ergebnis der vorangegangenen Trägeranalyse (Abb. 3.1).

[3] Im Folgenden abgekürzt nur noch Landkreise. Kreisfreie Städte und Stadtstaaten sind hierunter explizit mitgemeint.

[4] Nachfolgend nur noch „Krankenhausverzeichnis" genannt.

[5] Statistisches Bundesamt 2025.

[6] Mit Trägerkategorie ist hier die Trägerart, d.h. öffentlich, freigemeinnützig und privat, gemeint.

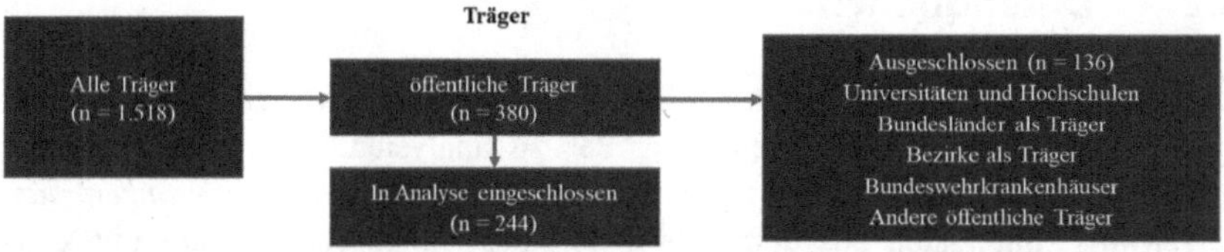

Abb. 3.1 PRISMA-Schema der Trägeranalyse[7]

Die Trägeranalyse erfolgte durch eine unsystematische Internetrecherche. Trotz vorangegangener Bereinigung wurden in der späteren Analyse der öffentlichen Beihilfe weitere Träger identifiziert, die aufgrund von Sonderfällen ausgeschlossen wurden. Sie sind in den Abbildungen innerhalb der Gesamtheit der ausgeschlossenen Landkreise und Träger nicht separat aufgeführt.

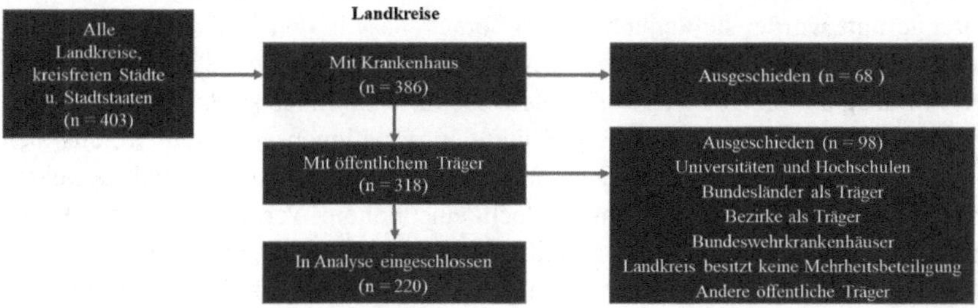

Abb. 3.2 PRISMA-Schema der Landkreise[8]

Von insgesamt 380 im Krankenhausverzeichnis als „öffentlich" geführten Trägern wurden 136 auf Grundlage der zuvor genannten Ausschlusskriterien identifiziert und entfernt. Die verbleibenden 244 Träger entsprechen 220 Landkreisen, welche die Grundgesamtheit der Analyse bilden. Dies bedeutet auch, dass es Landkreise gibt, in denen mehrere Träger von Krankenhäusern unter der Verantwortung desselben Landkreises stehen.

[7] Eigene Darstellung, angelehnt an Moher et al. 2009.

[8] Eigene Darstellung, angelehnt an Moher et al. 2009.

3.2 Datenquellen

Die gesamte Untersuchung dieser Arbeit basiert ausschließlich auf öffentlich zugänglichen Daten. Zur Bestimmung der zu analysierenden 220 Landkreise und für eine weiterführende Analyse[9] wurde das aktuelle deutsche *Krankenhausverzeichnis* (mit Daten aus dem Jahr 2023) des statistischen Bundesamtes als Sekundärquelle verwendet. Für die eigentliche Erhebung der Art und Höhe der kommunalen öffentlichen Beihilfe wurden wiederum verschiedene Primärquellen der Landkreise herangezogen. Die Suche nach diesen Quellen erfolgte durch eine unsystematische Internetrecherche, i. d. R. durch die Suchmaschine Google und häufig durch eine weiterführende Suche auf der offiziellen Internetseite des jeweiligen Landkreises. Primäres Ziel war das Auffinden der *Beteiligungsberichte*[10] für den untersuchten Zeitraum. Das öffentlich einsehbare DAWI-Verzeichnis der EU wurde in der Erhebung nicht verwendet, da, wie beschrieben, dort eine Anzeigepflicht erst ab einer Beihilfehöhe von 15 Mio. Euro verpflichtend ist. In einer Stichprobe, welche zur Machbarkeitsüberprüfung vor der eigentlichen Analyse durchgeführt wurde, stellte sich zudem heraus, dass in den *Haushaltsberichten*[11] der Landkreise häufig die gleichen Informationen wie in den Beteiligungsberichten in Bezug auf die geleistete öffentliche Beihilfe zu finden sind. Ebenfalls waren in den *Haushaltsplänen* häufig detaillierte Informationen enthalten, welche sich in der Stichprobe jedoch teilweise von den Beteiligungs- und Haushaltsberichten unterschieden. Allgemein konnte jedoch eine höhere Verfügbarkeit der Haushaltspläne im Vergleich zu den Beteiligungs- und Haushaltsberichten festgestellt werden. Für die gesamte Untersuchung wurde grundsätzlich festgelegt, dass ein Plan eine geringere Evidenz als ein Bericht aufweist, da eine kommunale Haushaltsplanung immer prospektiv und prämissenbegründet ist. Ein Bericht dagegen stellt die retrospektive Ist-Situation dar und ist daher in der Erhebung einem Plan vorzuziehen. Primär wurde folglich nach Beteiligungs- und Haushaltsberichten recherchiert. Waren diese nicht öffentlich verfügbar, wurde sekundär nach Haushaltsplänen gesucht. Für jeden Landkreis ist dokumentiert, welche Quelle verwendet wurde, was in der Auswertung Berücksichtigung findet.

[9] Siehe hierzu Abschnitt 3.4.

[10] Siehe hierzu Abschnitt 2.3.2.

[11] Häufig auch Jahresabschluss, Finanz- oder Jahresbericht genannt.

3.3 Untersuchungskriterien

Die genannten Beteiligungs- und Haushaltsberichte bzw. Haushaltspläne wurden nach verschiedenen Kriterien untersucht. Ziel war es, sowohl die Art als auch die Höhe der Beihilfe an die Krankenhäuser zu erfassen. Hierzu wurden fünf Kategorien festgelegt, nach denen die Primärdaten untersucht wurden:

[A] Zuschüsse Betriebskosten / Defizitausgleich
[B] Zuschüsse Investitionskosten
[C] Zuschüsse Betriebskosten (Land / Bund)
[D] Andere Zahlungen / Finanzielle Unterstützungen (bspw. Kreditgewährleistung oder Kredittilgung)
[E] Bestehende Bürgschaften (des Landkreises an KH)

In Kategorie A sollen sämtliche Zahlungen zum Zuschuss des laufenden Betriebes oder zum Ausgleich von Jahresfehlbeträgen erhoben werden. Diese sind i. d. R. nicht zweckgebunden und können auch unterjährlich z. B. zur akuten Liquiditätsstabilisierung ausgezahlt werden. Kategorie B weist alle Zuschüsse zu Investitionskosten aus, wenn diese im Bericht oder ggf. Plan als solche genannt sind. Eine eindeutige Zweckbindung dieser Mittel, wie z. B. das Nennen eines konkreten Bauprojekts, ist hier nicht notwendig. Es genügt die Verwendung des Wortes „Investition" im Zusammenhang mit dieser Zahlung, damit der Wert dieser Kategorie zugeordnet wird. Die Zuschüsse zu den Betriebskosten von Land und Bund stellen eine eher außergewöhnliche Kategorie dar und sind durch den explorativen Charakter der Erhebung begründbar. Das System der dualen Finanzierung sieht grundsätzlich keine Betriebskostenzuschüsse durch das Land oder den Bund vor.[12] Da jedoch die Planung und Sicherstellung der stationären Versorgung in der Verantwortung der Länder liegt, könnte die Möglichkeit bestehen, einen Krankenhausstandort durch Zuschüsse zu erhalten. Diese potenzielle Situation wird in der Erhebung durch Kategorie C erfasst. Die während der Pandemie geleisteten Corona-Hilfen sind hier explizit nicht gemeint und werden weder in dieser noch einer anderen Kategorie aufgenommen. Die in Abschnitt 2.3.1 beschriebene Form der Darlehensgewährleistung (i. d. R. zu marktunüblichen Konditionen) soll in der Kategorie D abgebildet werden. Hier ist auch die Tilgung von Darlehen inbegriffen, welche jedoch nicht zwangsläufig Gesellschafterdarlehen sein müssen. Auch Tilgungen von Darlehen normaler Kreditinstitute werden hier dargestellt. Das letzte Untersuchungskriterium soll

[12] Vgl. Abschnitt 2.2.1.

die Beihilfe in Form des Auftretens gegenüber Dritten, wie durch Bürgschaften, Patronatserklärungen und das Erteilen anderer Sicherheiten, abbilden. Trotz des Titels „Bestehende Bürgschaften“ sind hier die anderen Sicherheitsgewährungen explizit mitgemeint. Zusammengefasst bilden die Untersuchungskriterien das Spektrum der Möglichkeiten der kommunalen Beihilfe ab. Die Validität der Erhebung ist hiermit gegeben.

3.4 Vorgehen und Auswertungsmethodik

3.4.1 Vorbereitung der Erhebung

Bevor mit der Analyse der Berichte und Pläne begonnen werden konnte, mussten zunächst die zu untersuchenden Landkreise identifiziert und eine Basis für eine strukturelle Datenerfassung sowie spätere -auswertung geschaffen werden. Als Basis wurde das deutsche Krankenhausverzeichnis in xlsx-Format[13] verwendet und mittels Microsoft Excel weiterbearbeitet. Auch die spätere Datenerfassung und -auswertung wurde in Excel vorgenommen. Die Krankenhausverzeichnis-Datei weist in seiner ursprünglichen Form elf einzelne Excel-Blätter auf, wobei nur das Blatt „KHV_2023“ sowie die Legenden-Blätter „DSV_KHV_2023“, „Land“ und „Kreis“ verwendet wurden. Das Blatt „KHV_2023“ besteht aus 172 Spalten und 2.784 Zeilen. Für diese Untersuchung wurden lediglich die Daten der Spalten A, B, D, E, M, N und V[14] verwendet, die Daten der anderen Spalten wurden im weiteren Verlauf nicht berücksichtigt.

Die Spalten A und B, welche aus Nummerncodes bestehen, die mittels der Legenden-Blätter „Kreis“ und „Land“ übersetzbar sind, wurden der besseren Übersicht halber zunächst durch die wirklichen Kreis- und Ländernamen ersetzt. Durch die Filterung auf die Kategorie 1 („öffentlich-rechtlich“) in Spalte M konnte mit den eindeutig ausgegebenen Werten[15] in dieser Spalte die angesprochene Trägeranalyse durchgeführt werden.

Unter Verwendung der Daten aus „KHV_2023“ wurde in einem neuen Blatt für jeden Landkreis die Bettenanzahl der ausgeschlossenen Träger ermittelt und der Gesamtbettenzahl aller öffentlichen Träger je Landkreis gegenübergestellt. Nach Subtraktion sowie Bereinigung um Landkreise ohne verbleibende Betten

[13] Xlsx ist das Standard-Format einer Microsoft Excel-Datei.

[14] Die Bezeichnung der Spaltennamen lautet Land (A), Kreis (B), Adresse_Name (D), Adresse_Name_Standort (E), Traeger (M), T_Name (N), INSG (V).

[15] Hiermit ist das Ausblenden aller doppelten Werte in Excel gemeint.

entstand die Liste der zu analysierenden Landkreise mit deren eingeschlossener Bettenzahl. Für jedes Untersuchungskriterium wurden sieben Jahresspalten sowie Felder für Quellenangaben (Beteiligungs-, Haushaltsbericht oder Haushaltsplan) und Internetlinks angelegt. Diese Struktur ermöglicht eine eindeutige Zuordnung jedes erhobenen Wertes zu Jahr, Untersuchungskategorie und Quelle, wodurch die Transparenz und Reliabilität der Datenerhebung gewährleistet wird. Sämtliche Aufbereitungen sowie die späteren Datenauswertungen wurden mit den verfügbaren Funktionen von Excel umgesetzt. Auf eine detaillierte methodische Beschreibung wird an dieser Stelle verzichtet.

Für eine Analyse der Siedlungsstruktur bedurfte es einer Anordnung jedes Landkreises anhand seiner Bevölkerungsdichte. Hierzu wurden Daten der Wirtschaftsprüfungs- und Beratungsgesellschaft Curacon GmbH verwendet, die die Zuteilung der Landkreise in vier Siedlungsstruktureinheiten (dünn besiedelter ländlicher Kreis, ländlicher Kreis mit Verdichtungsansätzen, städtischer Kreis und kreisfreie Großstadt) enthielten. Die vier Struktureinheiten wurden im Hinblick auf die dritte Forschungsfrage verwendet. Diese Siedlungsstrukturzuordnung der Landkreise ist die einzige externe und nicht öffentlich zugängliche Quelle, die in dieser Arbeit verwendet wurde. Sie ist auf die bereits angesprochene Excel-Blatt zur Datenerhebung in Form von Spalte D integriert.

3.4.2 Erhebung der Daten

Die eigentliche Datenerhebung erfolgte in zwei Schritten. Zunächst wurden der Beteiligungs- oder Haushaltsbericht sowie ggf. der Haushaltsplan recherchiert. Dies erfolgte durch eine unstrukturierte Internetrecherche. I. d. R. sind die Berichte und Pläne auf der Homepage des jeweiligen Landkreises veröffentlicht. Nach dem Auffinden der entsprechenden Berichte wurden die Dateien systematisch in Hinblick auf die öffentliche Beihilfe analysiert.

Zunächst wurde im Beteiligungsbericht das Kapitel der jeweiligen Trägergesellschaft ermittelt. Anschließend wurde kontrolliert, ob das betreffende Krankenhaus[16] in die Erhebung korrekterweise aufgenommen wurde, das heißt, ob die Trägeranteile mehrheitlich oder vollständig beim Landkreis liegen. Die entsprechenden Eigentumsverhältnisse lassen sich durch den Beteiligungsbericht systematisch erfassen. Waren die Trägeranteile nicht mehrheitlich dem Landkreis zuzuordnen, wurden das entsprechende Krankenhaus oder die entsprechenden

[16] Für die Erhebung war die Bettenanzahl des Krankenhauses relevant.

Krankenhäuser des Trägers der Liste der ausgeschlossenen Standorte hinzugefügt und die Bettenzahl des jeweiligen Landkreises entsprechend reduziert. Entsprach die Bettenzahl des Landkreises hiernach null, wurde der Landkreis aus der Erhebung ausgeschlossen. In Sonderfällen, in denen keine eindeutigen Mehrheitsverhältnisse des Trägers vorlagen, bspw. durch ein 50:50 oder 33:33:33 Verhältnis, blieben die der Gesellschaft zugeordneten Betten in allen Fällen bestehen. In sechs Fällen, in denen eine kreisfreie Stadt und ein Landkreis jeweils 50 % der Anteile an derselben Trägergesellschaft hielten, wurden diese in der Erhebung zu einem Landkreis zusammengefasst, um eine doppelte Erfassung der Bettenanzahl zu vermeiden.[17] Für die Datenerhebung wurden sowohl die Berichte des Landkreises als auch der kreisfreien Stadt analysiert und anschließend die erhobenen Werte addiert. Wenn es sich um ein gleiches Anteilsverhältnis von Landkreis und einer kreisangehörigen Stadt handelte, wurden nur die Berichte des Landkreises analysiert, da eine kreisangehörige Stadt nicht im Untersuchungsrahmen liegt.

Der Analyse der Beteiligungs- und Haushaltsberichte bzw. ggf. Haushaltspläne ist aufgrund ihrer nicht einheitlich definierten und dadurch je nach Landkreis sehr unterschiedlichen inhaltlichen Darstellungsweise keine eindeutige Erhebungssystematik zuzuordnen. Bei der Analyse von Beteiligungsberichten wurde immer das komplette Kapitel der entsprechenden Trägergesellschaft gelesen und nach den Untersuchungskriterien analysiert. Bei Haushaltsberichten oder -plänen wurde dagegen mittels Suchfunktion der Name der entsprechenden Gesellschaft gesucht und jedes Ergebnis auf die Untersuchungskriterien hin untersucht. Enthielten Berichte Angaben zu Vorjahren, deren Einzelberichte nicht vorlagen, wurden diese Werte dennoch berücksichtigt und als „gefundener Bericht“ vermerkt. Dasselbe galt für Haushaltspläne, wenn dort Ist-Werte aus Vorjahren enthalten waren. Diese Werte wurden ebenfalls als „gefundener Bericht“ gekennzeichnet. Die Statistik über die gefundenen Berichte und Pläne zeigt also nicht, wie viele Einzelberichte und -pläne öffentlich verfügbar sind, sondern wie viele Ist- und Plan-Werte für die jeweiligen Jahre gefunden wurden.

Die gesamte Erhebung wurde im Zeitraum von Mai bis Juli 2025 erhoben. Sämtliche Berichte und Pläne sowie wechselnde Trägerverhältnisse und sonstige auf die Erhebung einflussnehmende Ereignisse konnten in der Datenerhebung nicht berücksichtigt werden.

[17] Dies waren die gleichnamigen kreisfreien Städte und Landkreise Ansbach, Aschaffenburg, Augsburg, Bayreuth, Coburg und Rosenheim.

3.4.3 Auswertungsmethodik

Die erhobenen Daten wurden unter Berücksichtigung verschiedener Perspektiven und Methodiken ausgewertet, welche im Folgenden in einer ähnlichen Reihenfolge wie die Ergebnisdarstellung beschrieben werden.

Zunächst wurde die Anzahl der untersuchten Landkreise und Betten analysiert. Durch das Bilden von Summen und Verteilungen von Landkreisen und Betten je Bundesland ist die Ausgangslage der analysierten Grundgesamtheit differenziert darstellbar. Dazu gehören ebenfalls für die dritte Forschungsfrage relevante Größen wie die Summen und Verteilungen je Siedlungsstrukturgruppe. Visualisiert wurde dies i. d. R. durch Matrixtabellen mit den Bundesländern auf vertikaler und den Untersuchungsjahren auf horizontaler Ebene. Die Summen bzw. prozentualen Anteile wurden teilweise in geografischen Deutschlandkarten, bei denen die Bundesländer je nach enthaltenem Wert farblich angepasst sind, dargestellt. Dies soll eine geografische Gesamtübersicht der wichtigsten Erhebungsergebnisse vereinfachen.

Im zweiten Schritt wurden die gefundenen Quellen nach Landkreisen sowie nach Betten analysiert. Durch die bereits beschriebene Datenerhebungsmethodik, bei der jedem Landkreis in jedem Erhebungsjahr eine Quellenart (Beteiligungs- oder Haushaltsbericht oder Haushaltsplan) zuzuordnen ist, lassen sich die gefundenen Berichte detailliert darstellen. Hierzu wurden mittels Summe der Anzahl pro Jahr die verschiedenen gefundenen Quellen auch bundeslandspezifisch dargestellt. Mit der Differenz zur Gesamtanzahl konnten pro Bundesland die Anteile der gefundenen und nicht gefundenen Quellen bestimmt werden. Eine genauere Darstellung bietet allerdings der Einbezug der Bettenanzahl. Durch Berechnung der Summe von Betten pro spezifischer Datenquelle ist darstellbar, zu wie vielen Krankenhausbetten ein Bericht oder ein Plan oder auch keine Quelle für das jeweilige Untersuchungsjahr gefunden wurden. Durch Bildung der prozentualen Anteile an der jeweiligen Gesamtbettenanzahl je Bundesland sind die Bundesländer in einem vergleichbaren Verhältnis zueinander, in visueller Form einer Tabelle und einer bereits beschriebenen Deutschlandkarte, dargestellt.

Im nächsten Schritt wurden die reinen Erhebungsergebnisse aufbereitet. Durch Bildung von Summen je Erhebungskriterium sowie je Bundesland ist eine allgemeine Größenordnung abzuschätzen. Durch Bildung von Mittelwerten ist es wiederum möglich, die durchschnittliche öffentliche Beihilfe je Landkreis zu erkennen. Da je nach Größe der Landkreise diese Aussage für praktische Implikationen jedoch nur bedingt verwertbar ist, wurde der Fokus der Auswertung besonders auf die Auswertung je Krankenhausbett gelegt. Hierzu wurden die erhobenen Werte durch die Anzahl der Krankenhausbetten, welche in der Analyse gefunden wurden, geteilt. Diese Kennzahl (öffentliche Beihilfe je Bett) ermöglicht einen Vergleich zwischen den Bundesländern, unabhängig von der Größe und dem Anteil an von Landkreisen geführten öffentlichen Krankenhausbetten. Durch Darstellung der einzelnen Kriterien je Bett sind zudem die verschiedenen Arten der öffentlichen Beihilfe differenziert darstellbar und vergleichbar. Des Weiteren wurden aufgrund der festgelegten Unterschiede in der Evidenz die Ergebnisse nach der Art der gefundenen Quelle (Bericht oder Plan) differenziert dargestellt. Auch hier war durch Berechnung von Anteilen je Bundesland eine Vergleichbarkeit das Ziel.

Die durchgeführte Studie in dieser Arbeit ist unter dem beschriebenen Erhebungsumfang als Vollerhebung konzipiert und durchgeführt worden. Zuvor war eine Sicherstellung der vollständigen Datenverfügbarkeit nicht möglich und es bestand das Risiko, nicht alle Quellen in der unstrukturierten Internetrecherche zu finden. Dies war auch der Fall, denn es konnten nicht zu allen 220 Landkreisen die angestrebten sieben Quellen (da der Untersuchungszeitraum sieben Jahre umfasst) gefunden werden, weshalb es sich hier also de facto um eine Stichprobenerhebung handelt. Wie viele und welche Art der Quellen erhoben werden konnten, wird bei den Ergebnissen im zweiten Analyse-Schritt differenziert dargestellt. Da es sich also nicht mehr um eine Vollerhebung handelt, ist für einen Ergebnisrückschluss auf die in die Analyse eingeschlossene Grundgesamtheit eine Hochrechnung (HR) notwendig. Es wurden drei verschiedene HR-Varianten verwendet. In der HR-Variante eins wurden anhand des bundesweiten Anteils der fehlenden Berichte die Erhebungswerte der einzelnen Bundesländer linear hochgerechnet. Das bedeutet konkret, dass die jährlichen Werte der einzelnen Bundesländer anhand der jeweiligen bundesweiten Fehlerquote des entsprechenden Jahres angepasst wurden. In der zweiten HR-Variante wurde ähnlich wie in Variante eins vorgegangen, nur dass hier die Hochrechnung nicht anhand der bundesweiten, sondern anhand der bundeslandspezifischen Fehlerquote des entsprechenden Jahres erfolgte. Die dritte HR-Variante berücksichtigte, anders als die beiden Varianten zuvor, nicht die Fehlerquote pro Landkreis, sondern die der gefundenen Betten. Die Jahreswerte der einzelnen Bundesländer werden daher anhand der Quote der Betten ohne Quellenangabe angepasst. Die Visualisierung erfolgt wie zuvor über Tabellen und auf geografischen Karten.

Die Stadt Köln stellt in Kriterium A im Jahr 2024 aufgrund der außerordentlichen Höhe einen Sonderfall dar. In der Diskussion wird hierbei eine Bereinigung der Hochrechnung um diesen Sonderfall diskutiert. Konkret wurde zunächst der Erhebungswert aus Kriterium A für 2024 in Köln von der Summe der entsprechenden Werte in NRW subtrahiert. Der reduzierte Wert wurde anschließend auf Grundlage der HR-Variante drei hochgerechnet und durch Addition des Kölner

Erhebungswerts wieder ergänzt. Wenn es sich um eine derartige bereinigte HR handelt, wird dies in der noch folgenden Diskussion explizit genannt. Ansonsten handelt es sich um eine unbereinigte und lineare Hochrechnung.

Als letztes wurde die Siedlungsstrukturanalyse vorgenommen. Jedem analysierten Landkreis ist eine der bereits angesprochenen vier Siedlungsstrukturen (dünn besiedelter ländlicher Kreis, ländlicher Kreis mit Verdichtungsansätzen, städtischer Kreis und kreisfreie Großstadt) zugeordnet. Durch Bildung von Summen konnten die Ergebnisse absolut dargestellt werden. Durch die Bildung der Werte pro Bett konnten die Siedlungsstrukturen nach der dritten Forschungsfrage miteinander verglichen werden. Hier wurde auch die aufgestellte Hypothese überprüft. Da die geplante Vollerhebung mit Daten zu allen eingeschlossenen Landkreisen aufgrund von nicht gefundenen oder verfügbaren Quellen de facto nicht vorliegt, werden statistische Methoden zur Analyse einer Stichprobe angewendet. Hierzu wird zunächst eine Nullhypothese H_0 parallel zur Hypothese H_1 aufgestellt:

$$H_0 = \begin{array}{l}\text{Es gibt keinen Zusammenhang zwischen der Siedlungsstruktur}\\ \text{und der öffentlichen Beihilfe.}\end{array}$$

Aufgrund einer kleinen Gruppengröße (N = 28)[18] und keiner Normalverteilung der Werte wurde der nichtparametrische *Kurskal-Wallis-Test* zur Hypothesenüberprüfung gewählt. Dieser basiert auf der Rangordnung von Werten. Die vier untersuchten Gruppen entsprechen der Siedlungsstruktur. Jede Siedlungsstruktur bildet in jedem Untersuchungsjahr (2018 bis 2024) eine eigene Gruppe. Zunächst wurden diese 28 Einzelgruppen in einer Rangordnung dargestellt, sodass im nächsten Schritt die Rangsumme je Siedlungsstruktur gebildet werden konnte. Im Anschluss konnte nach Anwendung der Formel von Kurska & Wallis[19] die Teststatistik H berechnet werden:

$$H = \frac{n-1}{n} * \sum_{i=1}^{k} \frac{n_i * (\underline{R} - E_R)^2}{\sigma^2}$$

mit n als Gesamtzahl der Beobachtungen, k als Anzahl der Gruppen, n_i als Gruppengröße, $\underline{R}$ als mittlerer Rang, sowie

[18] Die 28 Gruppen kommen durch die Multiplikation des Untersuchungszeitraums von sieben Jahren mit den vier verschiedenen Siedlungsstrukturen zustande.

[19] Kruskal und Wallis 1952.

$$E_R = \frac{n+1}{2}$$

und

$$\sigma^2 = \frac{n^2-1}{12}$$

Zum Verwerfen oder Bestehen der Nullhypothese H_0 wurde der p-Wert bestimmt. Dieser prüft, ob die Unterschiede zwischen den Siedlungsstrukturen statistisch signifikant sind. Bei einer x^2 Verteilung mit $k-1$ Freiheitsgraden folgt die Teststatistik H statistisch asymptotisch, sodass der p-Wert die Wahrscheinlichkeit in der vorliegenden Verteilung angibt, der mindestens genau so groß ist wie der berechnete H-Wert.

$$p = P\left(X^2_{(k-1)} \geq H\right)$$

Bei einem p-Wert kleiner dem gewählten Signifikanzniveau von 5 % ($\alpha = 0{,}05$) wird die Nullhypothese verworfen. Die Berechnung der Teststatistik H dient zur Überprüfung, ob die erhobenen Werte einen statistisch signifikanten Unterschied aufweisen. Im Anschluss wurde zudem die Effektgröße η^2 berechnet.

$$\eta^2 = \frac{H-K+1}{n-k}.$$

Nach Cohen[20] lassen sich die Werte bis 0,01 als kleiner, bis 0,06 als mittlerer und bis 0,14 als großer Effekt interpretieren. Zusammengefasst gibt der p-Wert also Informationen darüber, ob es einen signifikanten Einfluss der Werte durch die Siedlungsstruktur gibt, woraufhin die Effektgröße η^2 Hinweise gibt, wie stark diese Beeinflussung ist.

[20] Vgl. Cohen 1988, S. 284-285.

Ergebnisse 4

Nachfolgend werden die Ergebnisse der Untersuchung der kommunalen öffentlichen Beihilfe an öffentliche Krankenhäuser dargestellt. Vor den konkreten Beihilfemitteln wird jedoch zunächst die erhobene Grundgesamtheit differenziert dargestellt.

In die Analyse sind insgesamt 220 Landkreise, kreisfreie Städte und Stadtstaaten[1] eingeschlossen. In Bayern liegen mit einer Anzahl von 66 die meisten Landkreise, gefolgt von Baden-Württemberg mit 30 Landkreisen. Niedersachsen (22) sowie NRW und Hessen (beide 17) folgen hierauf. Danach folgen Brandenburg, Sachsen, Rheinland-Pfalz, Thüringen, Sachsen-Anhalt, Schleswig-Holstein, Mecklenburg-Vorpommern und das Saarland. Bremen hat aufgrund der Zugehörigkeit der Stadt Bremerhaven zwei eigene Landkreise. Hamburg ist als Stadtstaat kein Träger öffentlicher Krankenhäuser.[2]

[1] Diese werden auch hier im Folgenden nur noch Landkreise genannt.

[2] Vgl. Abb. 4.1.

Ergänzende Information Die elektronische Version dieses Kapitels enthält Zusatzmaterial, auf das über folgenden Link zugegriffen werden kann https://doi.org/10.1007/978-3-658-52882-9_4.

S. Möbius, *Die versteckte dritte Säule der Krankenhausfinanzierung*, BestMasters, https://doi.org/10.1007/978-3-658-52882-9_4

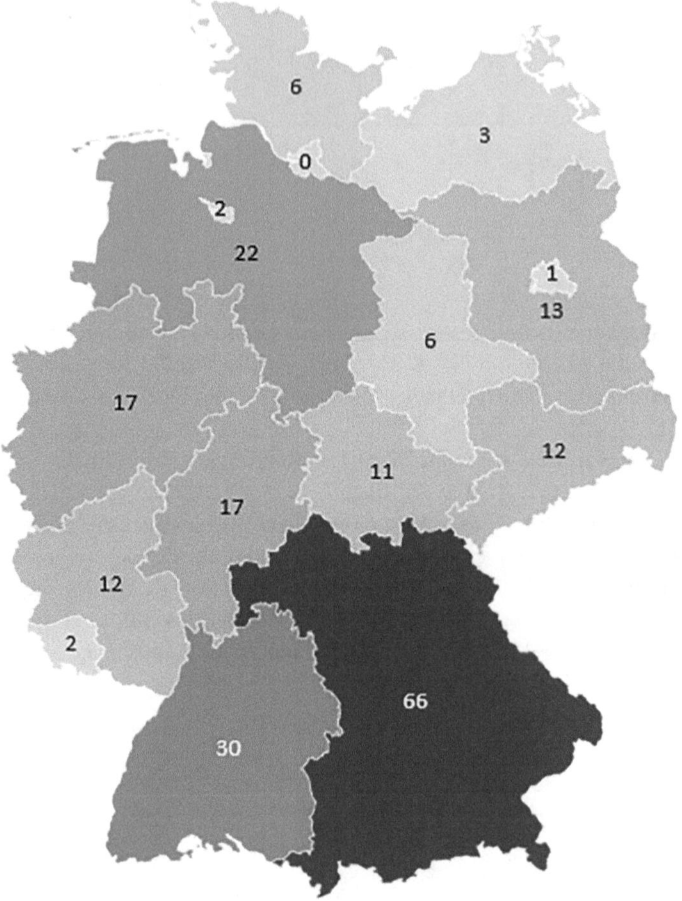

Abb. 4.1 In die Analyse eingeschlossene Landkreise

Jedem Landkreis sind die jeweils von ihm getragenen stationären Krankenhausbetten zugeordnet. Insgesamt wurden 132.576 Betten in die Analyse eingeschlossen. Dies entspricht knapp 28 % aller Betten in Deutschland und 59 % aller öffentlichen Betten. Die Verteilung der Betten je Bundesland ist ähnlich zu der Anzahl der in die Analyse eingeschlossenen Landkreise. In Bayern

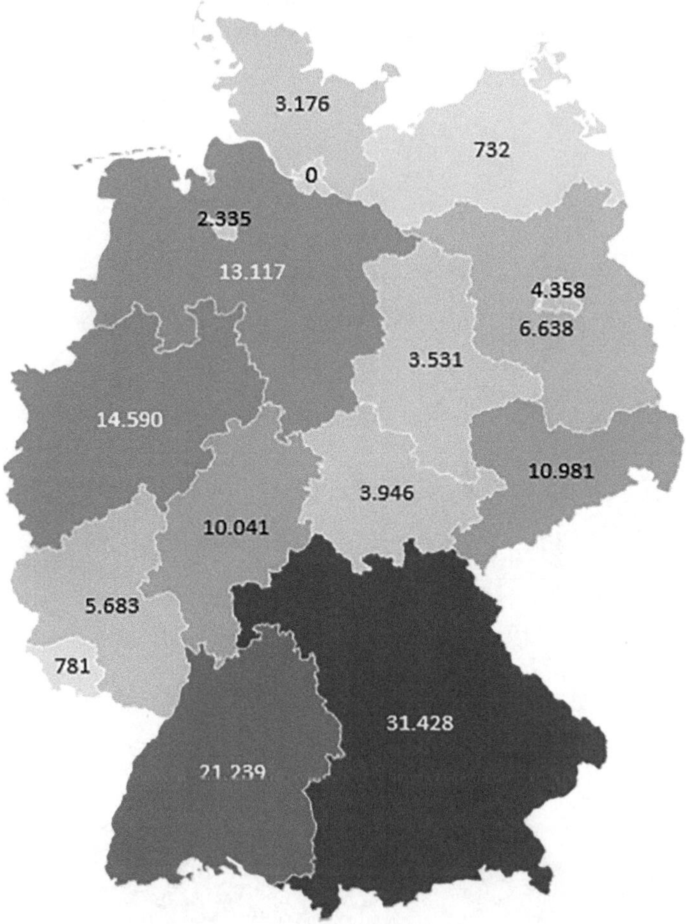

Abb. 4.2 In die Analyse eingeschlossene Betten

und Baden-Württemberg liegen zusammen fast 40 % der eingeschlossenen Betten. Hierauf folgen NRW (11 %), Niedersachsen (10 %) und Sachsen (8 %). Mit dem Land Hessen (knapp 8 %) zusammen bilden diese sechs Bundesländer mit einem Anteil von 77 % den Großteil der analysierten Bettenanzahl ab.[3]

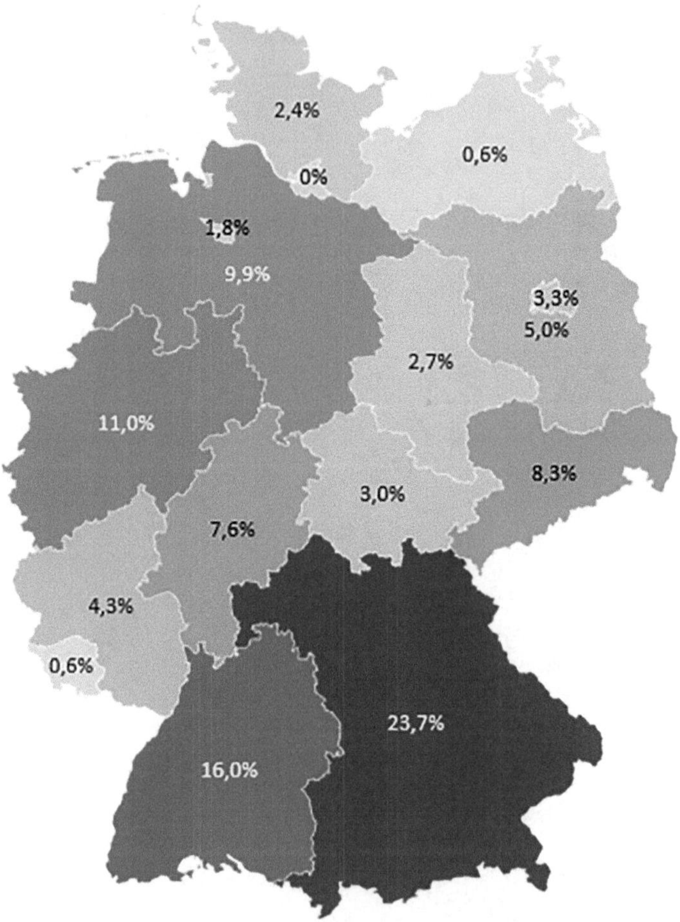

Abb. 4.3 Verteilung der in die Analyse eingeschlossenen Betten

[3] Vgl. Abb. 4.2 und 4.3 sowie für eine weiterführende Betrachtung Anhang 4.1. im elektronischen Zusatzmaterial einsehbar.

Betrachtet man die in die Analyse eingeschlossenen Landkreise und Betten nach Siedlungsstruktur, zeigt sich jeweils, dass ein Viertel der Landkreise im dünn besiedelten ländlichen Raum und im ländlichen Kreis mit Verdichtungsansätzen liegt. 35 % der Landkreise sind städtische Kreise und 14 % kreisfreie Großstädte. Bei der Bettenverteilung nach Siedlungsstruktur besitzen der dünn besiedelte ländliche Kreis und der ländliche Kreis mit Verdichtungsansätzen wieder gleich hohe Anteile mit jeweils 18 %. Städtische Kreise machen ähnlich wie bei der Verteilung der absoluten Anzahl circa 37 % der eingeschlossenen Betten aus. Damit liegen die meisten von Landkreisen getragenen Krankenhausbetten in städtischen Kreisen. 27 % der eingeschlossenen Betten liegen in einer kreisfreien Großstadt.[4]

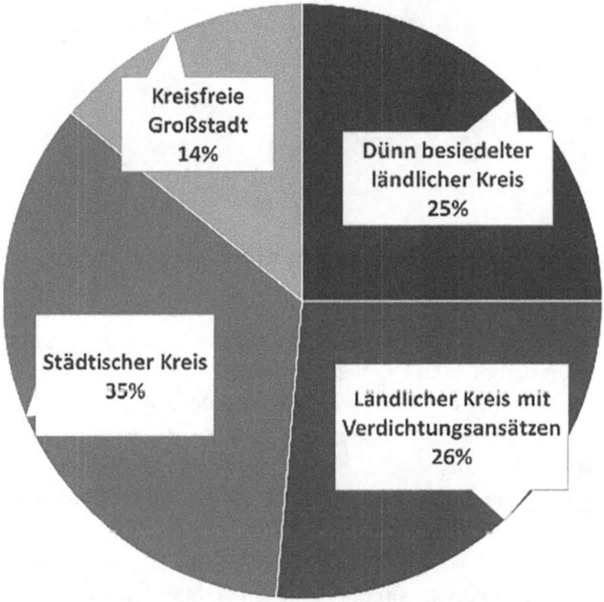

Abb. 4.4 Verteilung der eingeschlossenen Landkreise nach Siedlungsstruktur

[4] Vgl. Abb. 4.4 und 4.5 sowie für eine weiterführende Betrachtung Anhang 9.1.im elektronischen Zusatzmaterial einsehbar.

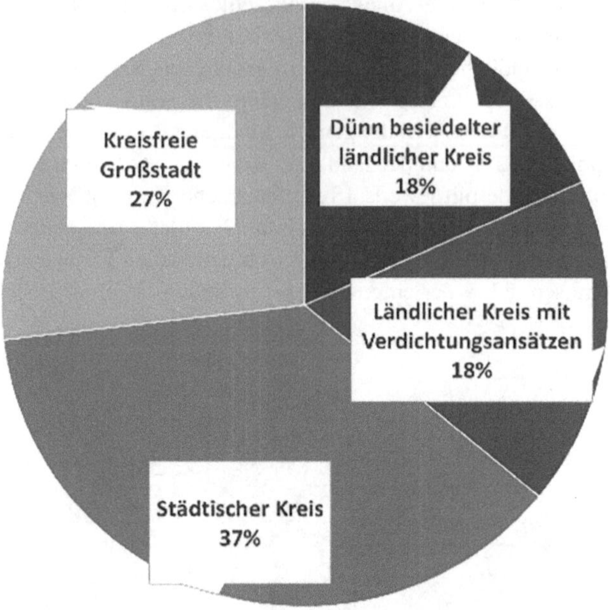

Abb. 4.5 Verteilung der eingeschlossenen Betten nach Siedlungsstruktur

Im nächsten Schritt wird die Anzahl der gefundenen Quellen dargestellt. Wenn im Folgenden von gefundenen Quellen gesprochen wird, meint dies nicht zwangsläufig, dass eine bestimmte Quelle, wie z. B. der Beteiligungsbericht für das Jahr 2022, gefunden wurde, sondern vielmehr, dass die gesuchten Daten zu diesem Jahr gefunden wurden. Insgesamt wurden 1.129 der potenziellen 1.540 Quellen gefunden. Dies entspricht knapp 73 %. In 27 % der Fälle war weder ein Bericht noch ein Plan vorhanden, bzw. konnte nicht gefunden werden. Wenn eine Quelle gefunden wurde, war dies zu 74 % (837) ein Beteiligungs- oder Finanzbericht. In 26 % (292) konnte alternativ auf einen Haushaltsplan zurückgegriffen werden. Im Verhältnis zu der zu findenden Soll-Anzahl an Quellen sind also in 54 % Beteiligungs- oder Haushaltsberichte und in 19 % Haushaltspläne gefunden worden. Bei der Betrachtung der gefundenen und analysierten Quellen über die Jahre zeigen sich z. T. größere Unterschiede. Der Anteil der gefundenen Haushaltspläne steigt von 50 % im Jahr 2018 kontinuierlich auf 71 % im Jahre 2022 an, wo auch dessen Hochpunkt liegt. Die Haushaltspläne dagegen bleiben in den ersten drei Jahren mit 6 % konstant und steigen im Jahr 2021 auf 11 % bzw.

im Jahr 2023 auf 23 % an. Der Verlauf des Anteils der nicht gefundenen Quellen resultiert logischerweise hieraus, auf dessen Verlaufsbeschreibung wird daher verzichtet. Im Jahr 2023 sinkt der Anteil der Berichte um 11 Prozentpunkte auf 60 % ab, gleichzeitig verdoppelt sich der Anteil der Haushaltspläne auf 23 %. In diesem Jahr war ebenfalls der Anteil nicht gefundener Quellen am geringsten. 2024 zeigt im Vergleich zu den restlichen Jahren die stärkste Veränderung. Die Berichte machen mit 8 % den geringsten Anteil aus, während der Anteil gefundener Haushaltspläne mit 71 % überwiegt. Folgerichtig wurde hier in 21 % der Fälle weder ein Bericht noch ein Plan gefunden.[5]

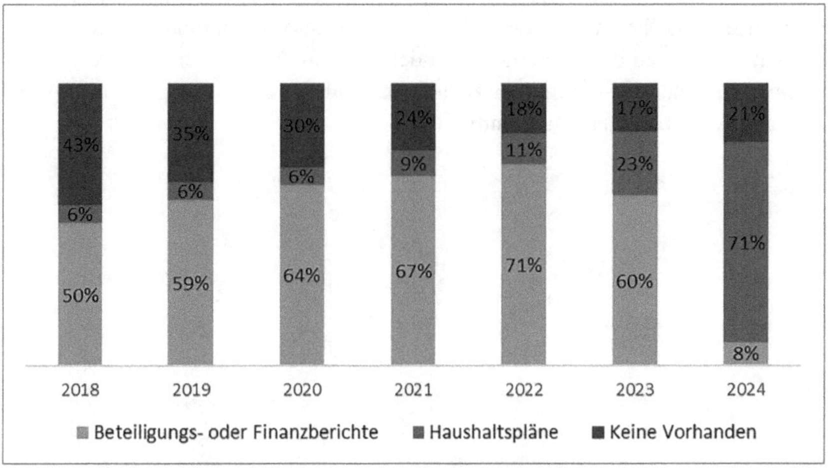

Abb. 4.6 Verteilung der analysierten Quellen nach Jahren[6]

Neben einer absoluten Betrachtung der Quellen, d. h. eine Soll-Quelle pro Landkreis pro Jahr, ist auch eine Betrachtung der gefundenen Quellen im Verhältnis zu den aufgestellten Betten möglich. Der Anteil der Betten, wenn eine Quelle gefunden wurde, im Verhältnis zu allen eingeschlossenen Betten beträgt 80 % und liegt damit 7 Prozentpunkte höher als bei der vorherigen Betrachtung. Der Anteil der Betten, zu denen Beteiligungs- oder Haushaltsberichte gefunden wurden, liegt bei 62 %. Der Anteil der Betten, zu denen auf Haushaltspläne zurückgegriffen

[5] Vgl. Abb. 4.6 sowie für eine weiterführende Darstellung nach Bundesländern Anhang 4.2 bis 4.4. im elektronischen Zusatzmaterial einsehbar.

[6] Im Jahr 2018 ergibt sich rundungsbedingt eine Gesamtsumme von 99 %.

wurde, liegt bei 18 % und entspricht somit fast dem gleichen Anteil wie bei der absoluten Betrachtung der verwendeten Haushaltspläne. Der Bettenanteil, zu dem weder Berichte noch Pläne vorliegen, beträgt folglich 20 %. Die Verteilung auf Jahresebene ist ähnlich zu der Betrachtung der absoluten Anzahl von Berichten und Plänen. Der Anteil der Betten, zu denen Berichte vorliegen, steigt vom Jahr 2018 mit 59 % kontinuierlich auf 79 % im Jahr 2022 an. Der Anteil der Haushaltspläne ist in diesem Zeitraum zwischen 5 % und 9 % eher stabil. Für das Jahr 2023 sinkt der Anteil der Betten, zu denen Berichte gefunden werden konnten, auf 70 % ab, während der Bettenanteil, zu dem Haushaltspläne gefunden werden konnten, auf 19 % ansteigt. Der Anteil, zu dem keine Berichte gefunden werden konnten, ist im Jahr 2023 mit 11 % am geringsten. Wie auch bei der Betrachtungsweise zuvor ist für das Jahr 2024 die stärkste Veränderung zu beobachten. Der Bettenanteil, zu dem Berichte gefunden wurden, liegt für dieses Jahr bei 9 % auf dem absoluten Minimum, der Bettenanteil für die gefundenen Pläne liegt bei 75 % auf dem absoluten Maximum.[7]

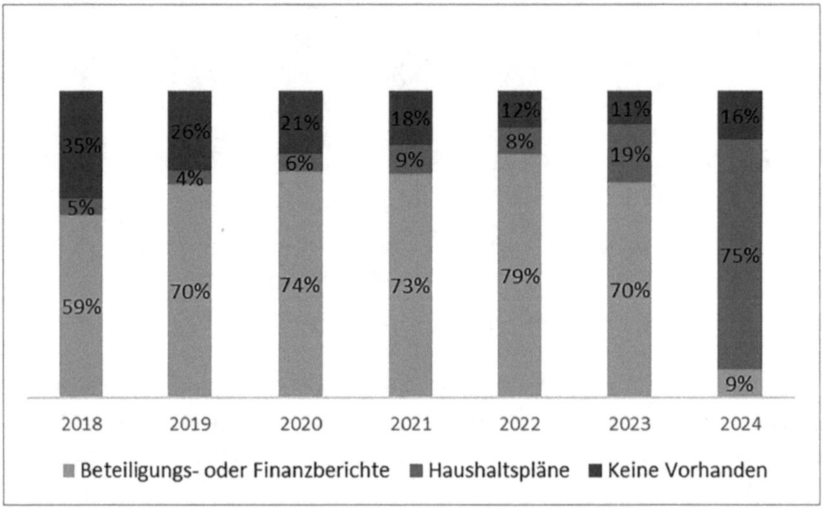

Abb. 4.7 Verteilung der analysierten Quellen nach Bettenanteil und Jahren[8]

[7] Vgl. Abb. 4.7 sowie für eine weiterführende Darstellung nach Bundesländern Anhang 4.5 bis 4.7. im elektronischen Zusatzmaterial einsehbar.

[8] In den Jahren 2018, 2020 und 2022 weicht rundungsbedingt die Angabe von 100 % ab.

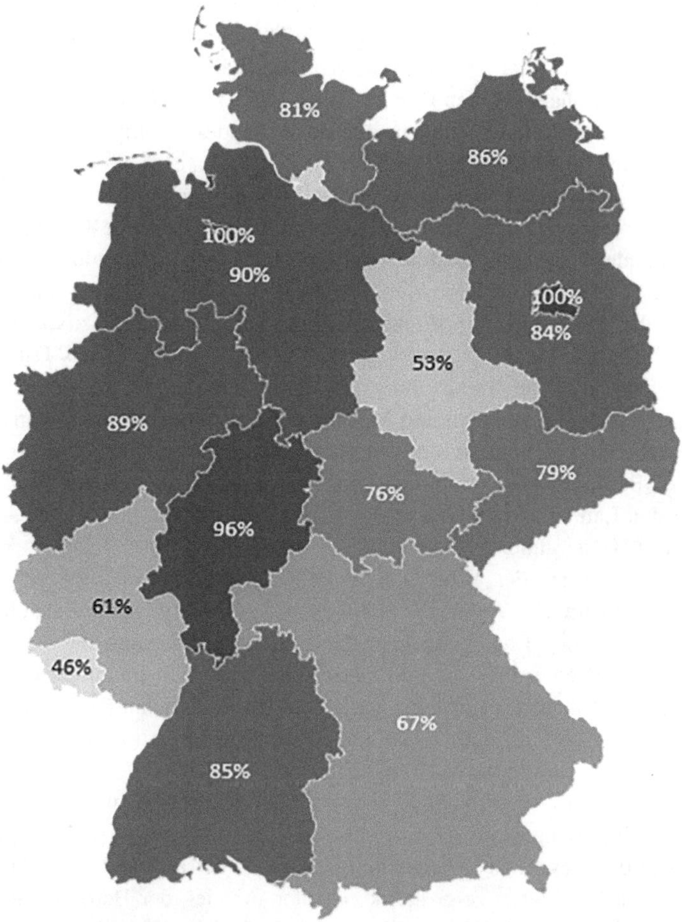

Abb. 4.8 Anteil der Betten, zu denen ein Bericht oder ein Plan gefunden wurde

Des Weiteren lässt sich der Anteil der gefundenen Betten je Bericht und Plan auch nach Bundesländern darstellen. Über alle untersuchten Jahre betrachtet ist festzustellen, dass der bundesweite Durchschnitt der Bettenanteile, bei dem entweder ein Bericht oder ein Plan vorliegt, wie bereits erwähnt bei 80 % liegt. Über diesem Durchschnitt liegen die Bundesländer Schleswig-Holstein (81 %), Brandenburg (84 %), Baden-Württemberg (85 %), Mecklenburg-Vorpommern (86 %),

NRW (89 %), Niedersachsen (90 %) und Hessen (96 %). Bei den beiden Stadtstaaten Berlin und Bremen (inklusive der Stadt Bremerhaven) konnte für jedes Jahr ein Bericht oder Plan gefunden werden, weshalb diese in jener Darstellung bei 100 % liegen. Die restlichen Bundesländer liegen unter dem genannten Durchschnitt. Am schlechtesten schneiden die Bundesländer Rheinland-Pfalz (61 %), Sachsen-Anhalt (53 %) und das Saarland (46 %) ab.[9]

Bei Betrachtung des Bettenanteils, zu dem Beteiligungs- oder Finanzberichte gefunden wurden, verändert sich die Reihenfolge jener Bundesländer, die hier über dem bundesweiten Durchschnittswert von 61 % liegen. Angeführt wird diese Darstellung weiterhin von Berlin und Bremen (je 86 %), wo bis auf das Jahr 2024 für jedes Jahr Berichte vorliegen. Hiernach folgt wie auch zuvor das Land Hessen (77 %) und dann das Land NRW (71 %). Dann folgt das Land Sachsen (68 %), gefolgt von Brandenburg (65 %) und Baden-Württemberg (64 %). Die Länder Schleswig-Holstein und Mecklenburg-Vorpommern (57 % und 56 %) liegen anders als zuvor unter dem bundesweiten Durchschnitt. Die wenigsten Quellen zu Beteiligungs- oder Finanzberichten wurden wie bei der Betrachtung zuvor bei den Ländern Rheinland-Pfalz (47 %), Sachsen-Anhalt (41 %) und dem Saarland (24 %) gefunden.[10]

Nach Auswertung der Erhebungsgesamtheit und Analyse der gefundenen Quellen werden im Folgenden die erhobenen Daten dargestellt. Zunächst werden hierzu die reinen Ergebnisse nach Untersuchungskriterium beschrieben, im Anschluss erfolgt eine differenzierte Darstellung nach den gefundenen Quellentypen. Zuletzt erfolgen verschiedene Varianten der Hochrechnung. Der Fokus der Auswertung liegt hier auf den Darstellungen der Ergebnisse je Bundesland sowie verschiedenen Darstellungen je Krankenhausbett.

Es wurden fünf verschiedene Untersuchungskriterien untersucht.[11] Die Summe aller Erhebungen aus *Kriterium A* (Zuschüsse Betriebskosten / Defizitausgleich) über den gesamten Untersuchungszeitraum beträgt 6,82 Mrd. Euro. Die Darstellung nach Jahren[12] zeigt den konstanten Anstieg der Betriebs- und Defizitzuschüsse. Zwischen 2018 (326 Mio. Euro) und 2019 (532 Mio. Euro) ist mit 63 % direkt zu Beginn der höchste relative Anstieg des Beobachtungszeitraums

---

[9] Vgl. Abb. 4.8.

[10] Für eine jahresgenaue Betrachtung je Bundesland siehe Anhang 4.5. bis 4.8. im elektronischen Zusatzmaterial einsehbar.

[11] Zu den Untersuchungskriterien siehe Abschnitt 3.3.

[12] Vgl. Abb. 4.9.

zu verzeichnen. Im Jahr 2020 steigt der Wert im Vergleich zum Vorjahr um 25 % auf 667 Mio. Euro und im darauffolgenden Jahr um weitere 29 % auf 862 Mio. Euro an. Um weitere 24 % steigt der Wert im Jahr 2022 (1,07 Mrd. Euro). 2023 beträgt das erhobene Ergebnis 1,58 Mrd. Euro. Der Sprung von 2022 auf 2023 stellt mit einem Anstieg von 513 Mio. Euro den höchsten absoluten Anstieg im Untersuchungszeitraum dar. Zum Jahr 2024 steigt der Wert relativ um weitere 13 % und erreicht mit 1,78 Mrd. Euro seinen Hochpunkt. Durch *Kriterium B* wurden die als „Investitionskostenzuschuss" betitelten Zahlungen untersucht. Die Summe über alle Jahre hinweg liegt hier mit 1,36 Mrd. Euro deutlich unter der von Kriterium A. Im Jahresverlauf sind bis auf das Jahr 2021 jedoch Ähnlichkeiten festzustellen. Vom Jahr 2018 (102 Mio. Euro) zum Jahr 2019 (110 Mio. Euro) ist zunächst nur ein geringer Anstieg von 8 % festzustellen. Im folgenden Jahr beträgt dieser Anstieg jedoch schon 44 % auf 158 Mio. Euro. Den sowohl absolut also auch relativ betrachtet steilsten Anstieg ist vom Jahr 2020 zum Jahr 2021 zu betrachten. Hier steigt der Wert um 90 Mio. Euro (+ 57 %) auf 248 Mio. Euro an, um zum Jahr 2022 um 16 % auf 209 Mio. Euro abzufallen. Zum Jahr 2023 ist wieder ein Anstieg auf 243 Mio. Euro (+ 16 %) zu verzeichnen. Im letzten Jahr des Betrachtungszeitraumes erreichen die Investitionszuschüsse, ähnlich wie die Betriebs- und Defizitzahlungen, durch einen weiteren Anstieg von 20 % mit 292 Mio. Euro ihren Hochpunkt. *Kriterium C* umfasst die Prüfung der Betriebskostenzuschüsse, die vom Land oder Bund geleistet wurden. Hier ist festzustellen, dass dieses Kriterium nur auf den Landkreis Altenburger Land zutraf, der vom Land Thüringen im gesamten Untersuchungszeitraum 12 Mio. Euro erhielt. Aufgrund dieses Einzelfalls und der im Verhältnis betrachtet geringen Höhe der Zahlungen wird die Untersuchungskategorie C in der weiteren Ergebnisdarstellung nicht mehr beachtet. *Kriterium D* umfasst die primär geleisteten Darlehensgewährleistungen oder andere finanzielle Unterstützungen. Über den gesamten Untersuchungszeitraum betrachtet liegt hier die Summe bei 1,18 Mrd. Euro. Betrachtet man die einzelnen Jahressummen im Verlauf, so ist wie bei Kategorie A in jedem Jahr ein Anstieg zu beobachten, jedoch ist dieser in den Jahren 2020 und 2022 besonders stark. Im Jahr 2018 liegt die Summe aller Erhebungen dieser Kategorie bei 28 Mio. Euro und steigt zum Jahr 2019 um 51 % auf 43 Mio. Euro an. Mit Blick auf das bereits dargestellte Jahr 2020 ist dann der stärkste relative Anstieg mit 104 % auf 88 Mio. Euro zu verzeichnen. Zum Jahr 2021 liegt mit 38 % auf 121 Mio. Euro eine moderate Steigung vor. Die steilste absolute Steigung ist dann zum Jahre 2022 festzustellen. Hier steigt der Wert um 99 % (absolut um 120 Mio. Euro) auf 241 Mio. Euro an. In den Jahren 2023 und 2024 liegt wieder eine schwächere Steigung um zunächst 34 %

auf 324 Mio. Euro und 5 % auf 339 Mio. Euro vor, welche bei diesem Untersuchungskriterium den Hochpunkt bildet. In der letzten Untersuchungskategorie, *Kriterium E*, wurde die passive Beihilfe in Form von bspw. bestehenden Bürgschaften und harten Patronatserklärungen untersucht. Hier ist im Vergleich zu den anderen Kriterien mit 9,10 Mrd. Euro die höchste Summe festzustellen. Der Verlauf unterscheidet sich im Vergleich zu den vorherigen jedoch. Für das Jahr 2018 wurde ein Erhebungswert von 865 Mio. Euro erfasst. Zum Jahr 2019 fällt dieser um 17 % (auf 722 Mio. Euro), um im darauffolgenden Jahr um 37 % auf 987 Mio. Euro anzusteigen. Zum Jahr 2021 folgt eine moderatere 23 %-Steigung auf 1,21 Mrd. Euro. Die Steigung um 53 % auf 1,86 Mrd. Euro zum Jahr 2022 ist die steilste in diesem Kriterium und bildet zugleich den Hochpunkt, denn zum Jahr 2023 fällt der Erhebungswert um 2 % auf 1,83 Mrd. Euro und zum Jahr 2024 um weitere 11 % auf 1,63 Mrd. Euro. Die letzte Darstellung der gesamten Erhebungssummen ist die zusammengefasste Darstellung der *Kriterien A und B*, die alle direkten Zahlungen, ohne zu erwartende Rückzahlungen, wie es bei Darlehen der Fall ist, darstellen. Die Summe beider Untersuchungskriterien über alle betrachteten Jahre liegt bei 8,18 Mrd. Euro. Pro Jahr wären dies 1,17 Mrd. Euro im Durchschnitt, wobei allein von 2022 bis 2024 5,18 Mrd. Euro zu verzeichnen sind.[13]

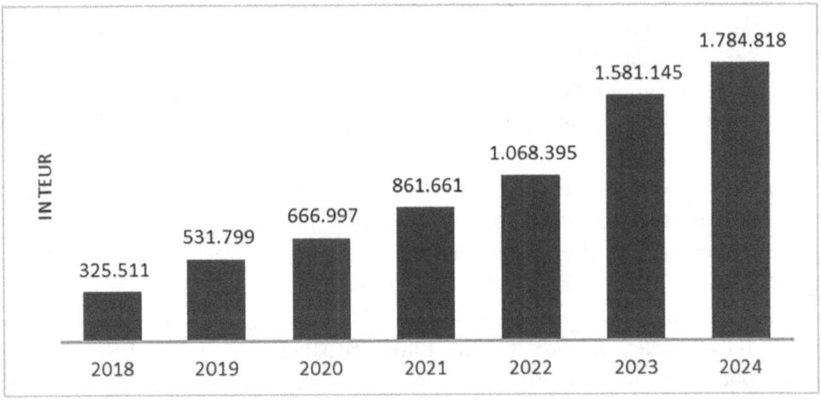

Abb. 4.9 Gesamtergebnis Betriebskostenzuschüsse und Defizitausgleiche [A]

[13] Vgl. Abb. 4.9 bis 4.12.

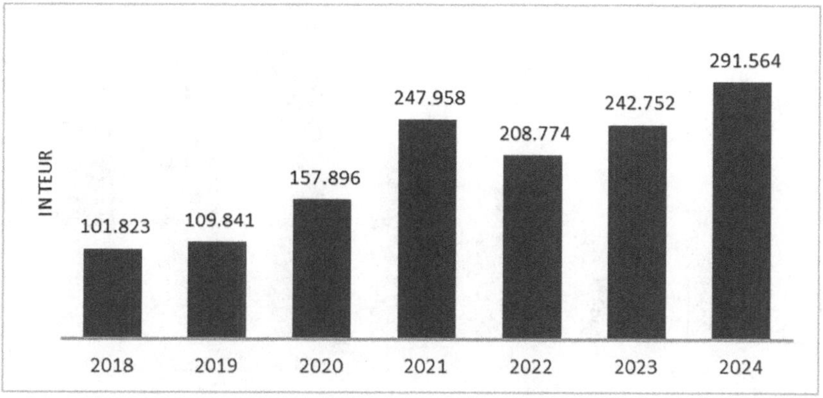

Abb. 4.10 Gesamtergebnis Investitionskostenzuschüsse [B]

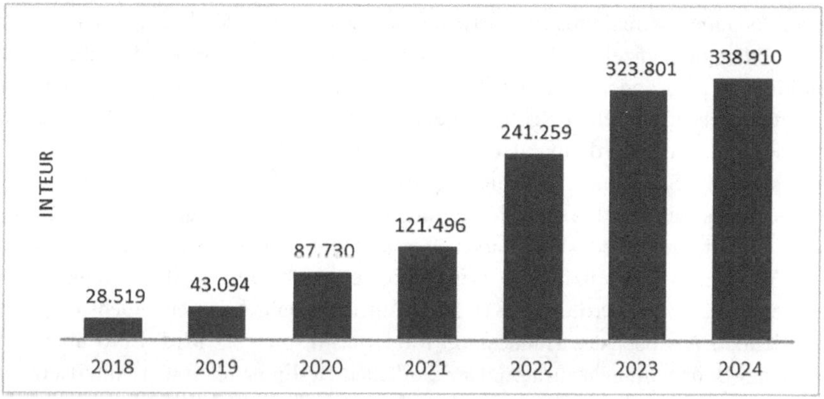

Abb. 4.11 Gesamtergebnis Darlehensgewährleistungen [D]

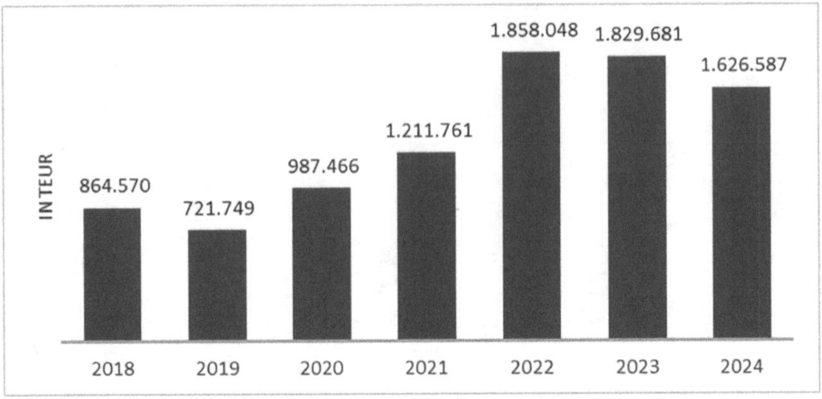

Abb. 4.12 Gesamtergebnis Patronatserklärungen [E]

Neben der Darstellung der Gesamtsummen nach Jahren bietet sich hier ebenfalls eine Betrachtung der Ergebnisse nach Bundesländern an. Unter der Darstellung der einzelnen Bundesländer im Folgenden ist weder die Ebene der Zahlungen der Länder (vgl. Kriterium C) noch deren Funktion als juristische Personen des öffentlichen Rechts eigener Art[14] zu verstehen, sondern lediglich die geografische Zuordnung der untersuchten Landkreise. Hiervon ausgenommen sind die Stadtstaaten Berlin und Bremen. Bei Untersuchungskriterium A ist als Erstes das Land Baden-Württemberg zu nennen. Die untersuchten Landkreise aus diesem Bundesland haben über alle sieben Jahre betrachtet in Summe 2,15 Mrd. Euro an Defizit- und Betriebskostenzuschüssen an ihre Krankenhäuser geleistet. 2023 wurde mit 505 Mio. Euro das Jahr mit dem höchsten Wert verzeichnet. Als nächstes Bundesland folgt Berlin mit 1,21 Mrd. Euro über den gesamten Beobachtungszeitraum. Der Stadtstaat Berlin ist alleiniger Anteilseigner der Vivantes – Netzwerk für Gesundheit GmbH, die mit circa 10 Tsd. stationären Betten der größte öffentliche Krankenhausträger in Deutschland ist. Da das Land Berlin keine weiteren Anteile an Krankenhäusern besitzt, ist diese Summe also vollständig Vivantes zuordenbar. An dritter Stelle steht hierauf folgend das Land Bayern mit einer Summe von 855 Mio. Euro, gefolgt von NRW (720 Mio. Euro), Niedersachsen (628 Mio. Euro) und Hessen (626 Mio. Euro). Die übrigen Bundesländer liegen in absteigender Reihenfolge unter dem Länder-Durchschnitt von

[14] Damit ist hier die rechtliche Stellung der Bundesländer als eigenständiger Rechtsträger und nicht ihre geografische Abgrenzung gemeint. Vgl. ibau.de o.J.

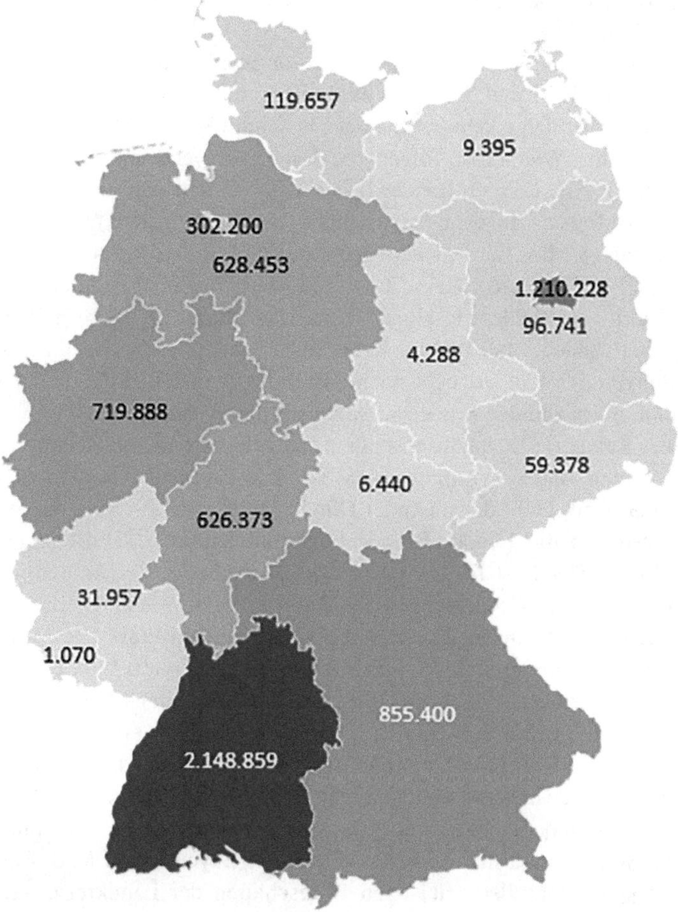

Abb. 4.13 Gesamtergebnis Betriebskostenzuschüsse und Defizitausgleiche 2018 bis 2024 (in TEUR)

455 Mio. Euro: Bremen (302 Mio. Euro), Schleswig-Holstein (120 Mio. Euro), Brandenburg (97 Mio. Euro), Sachsen (59 Mio. Euro), Mecklenburg-Vorpommern

(9 Mio. Euro), Thüringen (6 Mio. Euro), Sachsen-Anhalt (4 Mio. Euro) und das Saarland (1 Mio. Euro).[15]

Bei der Betrachtung der geleisteten Investitionszahlungen (Kriterium B) steht wie zuvor auch das Land Baden-Württemberg mit 471 Mio. Euro an erster Stelle und übertrifft den absoluten Länder-Durschnitt von 90 Mio. Euro um mehr als das fünffache. Wie zuvor folgen die Länder Bayern und NRW (364 und 180 Mio. Euro). Alle übrigen Länder liegen wieder unter dem genannten Durchschnitt. Die geringsten Investitionszuschüsse liefern die Landkreise der Länder Sachsen-Anhalt (8 Mio. Euro), Rheinland-Pfalz (7 Mio. Euro) und Mecklenburg-Vorpommern (2 Mio. Euro). Keine Investitionskostenzahlungen konnten bei den Ländern Thüringen, Schleswig-Holstein und dem Saarland festgestellt werden. Das Land Berlin taucht bei diesem Kriterium ebenfalls nicht auf, da die geleisteten Zahlungen des Landes nicht nach Kriterium A und B differenziert werden konnten und daher alle der Kategorie A zugeordnet wurden.[16]

Auch bei Kategorie D, die insbesondere die geleisteten Gesellschafterdarlehen beinhaltet, liegen Baden-Württemberg (407 Mio. Euro) und Bayern (260 Mio. Euro) wieder weit über dem Länder-Durchschnitt von 79 Mio. Euro. Ebenfalls drüber liegen die Länder Brandenburg und Schleswig-Holstein (121 und 108 Mio. Euro). Der Rest liegt wiederum in absteigender Reihenfolge darunter: NRW (76 Mio. Euro), Niedersachsen (59 Mio. Euro), Hessen und Sachsen-Anhalt (je 33 Mio. Euro), Sachsen (32 Mio. Euro), Rheinland-Pfalz (24 Mio. Euro), Mecklenburg-Vorpommern (22 Mio. Euro) und Thüringen (10 Mio. Euro). In den Bundesländern Bremen, Berlin und Saarland konnte keine öffentliche Beihilfe nach Kriterium D identifiziert werden.[17]

Bei den bestehenden Bürgschaften (Kriterium E) ist bei der Darstellung der Summen nach Bundesländern eine ähnliche Reihenfolge zu erkennen. Landkreise aus Baden-Württemberg liegen mit 3,30 Mrd. Euro wieder an der Spitze, diesmal gefolgt von Bremen mit 2,10 Mrd. Euro und Bayern (1,34 Mrd. Euro). Die durchschnittliche Höhe der geleisteten Bürgschaften der Landkreise nach Bundesländern summiert liegt auf 607 Mio. Euro und wird noch von den Ländern NRW (1,03 Mrd. Euro) und Hessen (656 Mio. Euro) übertroffen. Die Länder Sachsen-Anhalt (412 Mio. Euro), Niedersachsen (133 Mio. Euro), Schleswig-Holstein (80 Mio. Euro), Sachsen (26 Mio. Euro), Brandenburg (23. Mio.

---

[15] Vgl. Abb. 4.13 sowie für eine weiterführende Betrachtung auf Jahresebene Anhang 5.2. im elektronischen Zusatzmaterial einsehbar.

[16] Für eine weiterführende Betrachtung auf Jahreseben siehe Anhang 5.3. im elektronischen Zusatzmaterial einsehbar.

[17] Für eine weiterführende Betrachtung auf Jahresebene siehe Anhang 5.5. im elektronischen Zusatzmaterial einsehbar.

Euro) und Rheinland-Pfalz (8 Mio. Euro) folgen dahinter, während innerhalb der Länder Thüringen, Berlin, Mecklenburg-Vorpommern und dem Saarland keine Ergebnisse zu Bürgschaften oder Patronatserklärungen gefunden werden konnten.[18]

Für eine genauere Vergleichbarkeit und Interpretierbarkeit bedarf es neben der Summendarstellung auf Bundeslandebene insbesondere der Darstellung pro einzelnem stationären Krankenhausbett. Für die Betriebskosten- und Defizitausgleiche (Untersuchungskriterium A) ergibt sich für den gesamten Analysezeitraum ein Durchschnittswert von 8.870 Euro Zahlungen pro Bett. Der Wert steigt hier von 3.784 Euro im Jahr 2018 und 5.427 Euro im Jahr 2019 über 9.189 Euro im Jahr 2022 kontinuierlich auf 13.421 Euro im Jahr 2023 und 16.027 Euro im Jahr 2024 an. Insbesondere der Anstieg von 2018 auf 2019 (+ 43 %) und von 2022 auf 2023 (+ 46 %) ist hier auffällig. Geografisch nach Bundesländern differenziert werden über den gesamten Beobachtungszeitraum die meisten Betriebskosten- und Defizitausgleichszahlungen mit 39.672 Euro pro Bett in Berlin geleistet. Mit durchschnittlich weniger als halb so hohen Zahlungen folgen die Bundesländer Bremen (18.489 Euro pro Bett) und Baden-Württemberg (16.305 Euro pro Bett). Ungefähr im Durchschnitt liegen die Bundesländer Hessen mit 9.198 Euro pro Bett sowie NRW mit 8.587 Euro pro Bett. Niedersachsen (7.564 Euro pro Bett), Schleswig-Holstein (6.395 Euro pro Bett), Bayern (5.568 Euro pro Bett), Brandenburg (2.437 Euro pro Bett), Mecklenburg-Vorpommern (1.845 Euro pro Bett), Rheinland-Pfalz (1.121 Euro pro Bett) und Sachsen-Anhalt (1.039 Euro pro Bett) folgen hier in absteigender Reihenfolge. In den übrigen Bundesländern werden von den Landkreisen weniger als 1.000 Euro pro Bett an Betriebskosten- und Defizitzuschüssen geleistet.[19]

---

[18] Für eine weiterführende Betrachtung auf Jahresebene siehe Anhang 5.6. im elektronischen Zusatzmaterial einsehbar.

[19] Vgl. Abb. 4.14 sowie für eine weiterführende Betrachtung Anhang 6.1. im elektronischen Zusatzmaterial einsehbar.

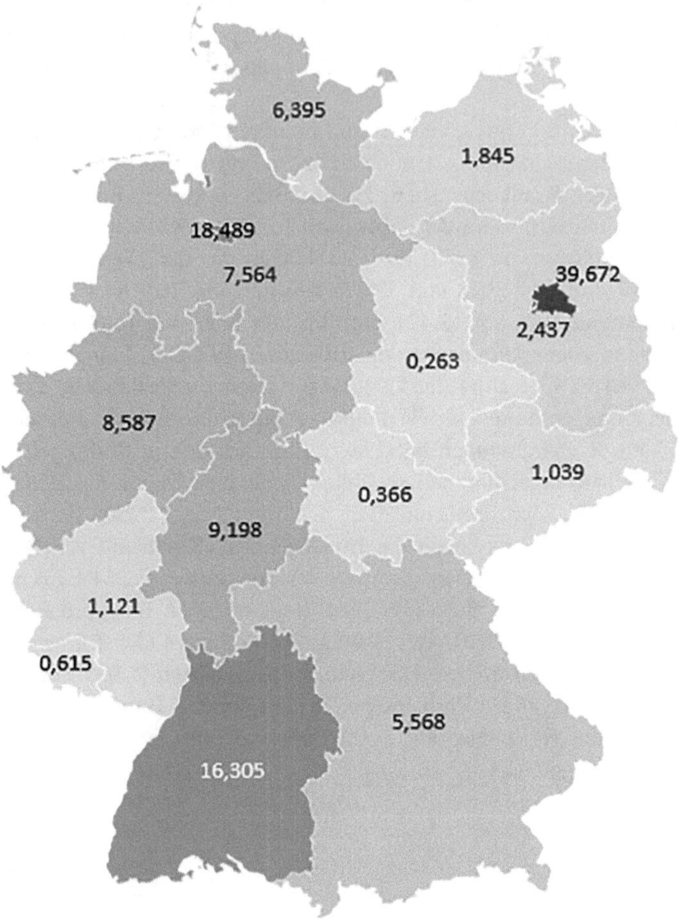

Abb. 4.14 Betriebskostenzuschüsse und Defizitausgleiche je Bett (Mittelwert 2018 bis 2024 in TEUR)

Bei den Investitionskostenzahlungen (Kriterium B) liegt der bundesweite Durchschnittswert über den gesamten Untersuchungszeitraum bei 1.793 Euro pro Krankenhausbett. Der Wert steigt hier von 1.184 Euro im Jahr 2018 und 1.121 Euro im Jahr 2019 auf 1.501 Euro (2020) und 2.273 Euro (2021) an. In den

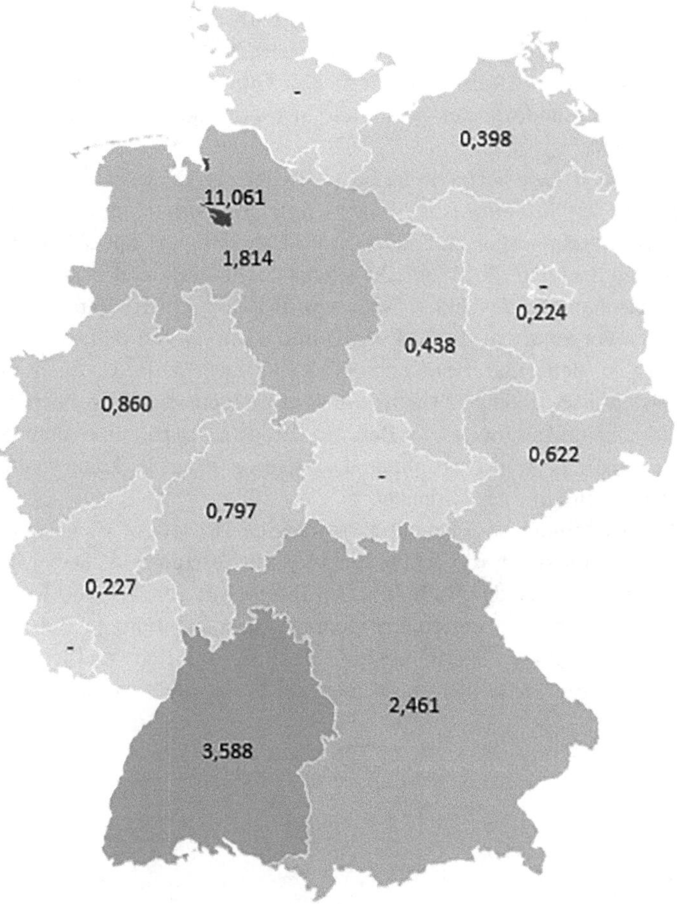

Abb. 4.15 Investitionskostenzuschüsse je Bett (Mittelwert 2018 bis 2024 in TEUR)[20]

Jahren 2022 (1.796 Euro) und 2023 (2.061 Euro) fallen die Investitionskostenzuschüsse pro Bett wieder leicht ab, um im Jahr 2024 auf 2.618 Euro ihren

[20] Wie bereits beschrieben liegt der Wert in den Ländern Thüringen, Schleswig-Holstein, Berlin und dem Saarland bei 0 Euro. In Berlin besteht hierfür der Grund darin, dass nicht zwischen Zahlungen der Kriterien A und B unterschieden werden konnte und sämtliche Zahlungen der Kategorie A zugeordnet sind.

Hochpunkt zu erreichen. Auf Ebene der Bundesländer betrachtet liegt das Land Bremen mit 11.061 Euro pro Bett mit weitem Abstand vor den folgenden Ländern Baden-Württemberg (3.588 Euro pro Bett), Bayern (2.462 Euro pro Bett) und Niedersachsen (1.814 Euro pro Bett). Der Durchschnitt der in den Landkreisen der anderen Bundesländer getätigten Investitionskostenzuschüsse liegt hier unter 1.000 Euro.[21]

Die erhobenen Gesellschafterdarlehen (Kriterium D) je Bett betragen über alle Jahre im Durchschnitt 1.512 Euro. Von 332 Euro je Bett im Jahr 2018 steigen diese kontinuierlich auf 2.749 Euro pro Bett im Jahr 2023 und 3.043 Euro pro Bett im Jahr 2024 an. An erster Stelle liegen hier die Landkreise der norddeutschen Bundesländer Schleswig-Holstein (5.410 Euro je Bett) und Mecklenburg-Vorpommern (5.077 Euro je Bett), gefolgt von Baden-Württemberg (2.820 Euro je Bett) und Brandenburg (2.950 Euro je Bett). Sachsen-Anhalt und Bayern (1.863 und 1.729 Euro je Bett) liegen ebenfalls noch über der 1.000 Euro Zahlungsschwelle je Bett. In Bremen, Berlin und dem Saarland wurden, wie bereits in der absoluten Darstellung genannt, keine Darlehen im Untersuchungszeitraum gewährleistet.[22]

Bei der Darstellung bestehender Bürgschaften (Kriterium E) ist ein bundesweiter Durchschnittswert von 9.806 Euro je Bett festzuhalten. Dabei sticht das Land Bremen mit einer durchschnittlichen Bürgschaft von 128.480 Euro je Bett heraus. Dieser Wert liegt bei einem Median von 1.445 Euro je Bett weit über dem Durchschnitt. Baden-Württemberg (22.189 Euro je Bett) und Niedersachsen (16.669 Euro je Bett) sind hier an zweiter und dritter Stelle zu nennen.[23]

[21] Vgl. Abb. 4.15 sowie für eine weiterführende Darstellung auf Jahresebene Anhang 6.2. im elektronischen Zusatzmaterial einsehbar.

[22] Vgl. Abb. 4.16 sowie für eine weiterführende Darstellung auf Jahresebene Anhang 6.4. im elektronischen Zusatzmaterial einsehbar.

[23] Vgl. Abb. 4.17 sowie für eine weiterführende Darstellung auf Jahresebene Anhang 6.5. im elektronischen Zusatzmaterial einsehbar.

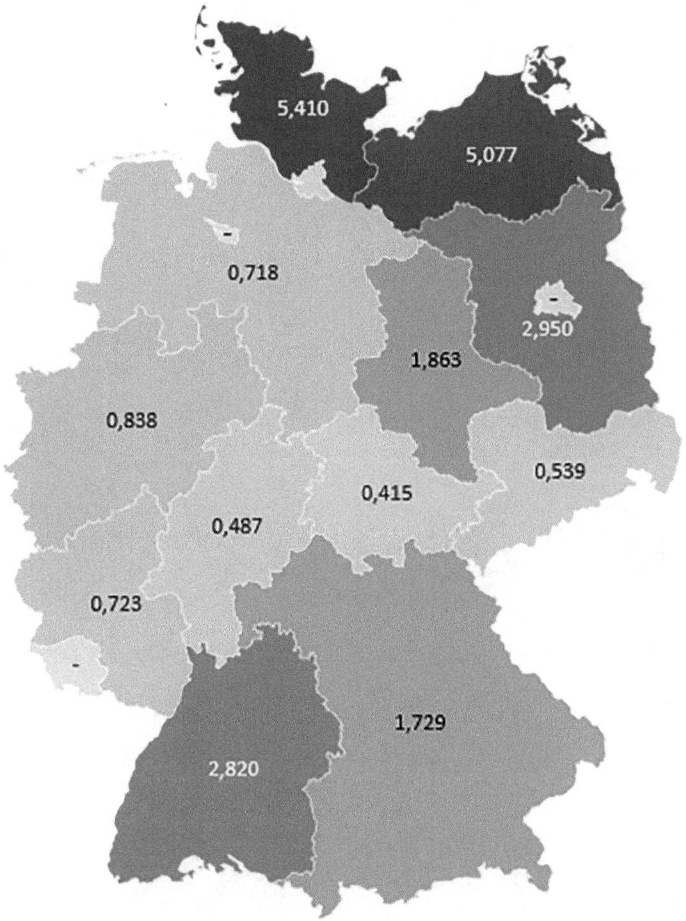

Abb. 4.16 Darlehen je Bett (Mittelwert 2018 bis 2024 in TEUR)

Die nächste Darstellungsperspektive der Ergebnisse bezieht als weitere Variable die verwendete Quelle mit ein, wobei hier nur zwischen Berichten und Plänen unterschieden wird. Die Ergebnisse werden im Folgenden nur auf Bundesebene, die Ergebnisse je Bett allerdings auch auf Bundeslandebene dargestellt. Für das Untersuchungskriterium A wurden von den 6,82 Mrd. Euro Gesamtergebnis über alle Jahre insgesamt 4,70 Mrd. Euro (69 %) aus Berichten und 2,12 Mrd. Euro

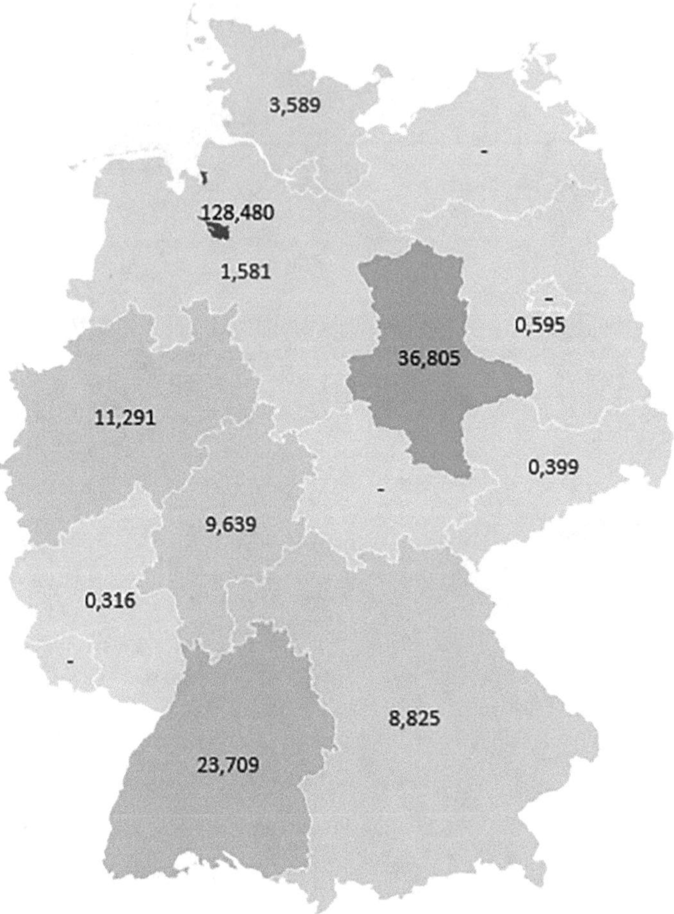

Abb. 4.17 Bürgschaften je Bett (Mittelwert 2018 bis 2024 in TEUR)

(31 %) aus Plänen erhoben. In den Erhebungsjahren 2018 bis 2023 betrug der Anteil der aus Plänen erhobenen Jahressumme zwischen 4 % und 13 %. Im Jahr 2024 kehrt sich dieses Verhältnis um. Von den in diesem Jahr insgesamt 1,78 Mrd. Euro wurden 3 % (51 Mio. Euro) aus Berichten und 97 % (1,73 Mrd. Euro) aus Plänen erhoben. Je Bett liegt der Wert in Untersuchungskategorie A bei den Berichten bei 6.144 Euro und bei den Plänen bei 2.726 Euro. Bei den

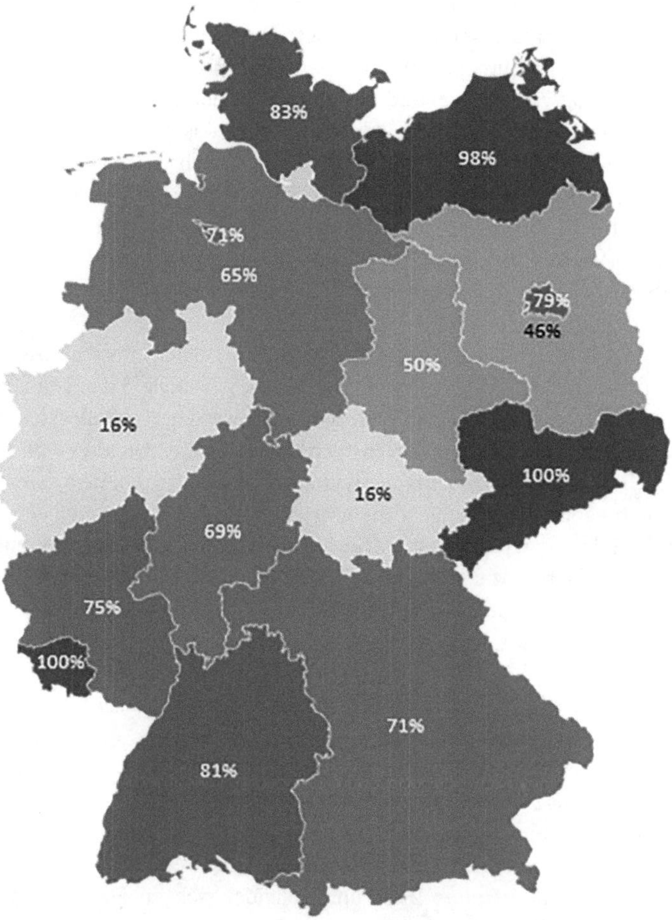

Abb. 4.18 Anteile von Kriterium A, der aus Berichten gefunden wurden, 2018 bis 2024[24]

Bundesländern Sachsen und dem Saarland wurden 100 % der Werte aus Berichten extrahiert, in Mecklenburg-Vorpommern 98 %. In Baden-Württemberg und Schleswig-Holstein entspricht dieser Wert 81 % bzw. 83 % (13.230 und 5.292

[24] Die entsprechenden Gegenwahrscheinlichkeiten liefern die Anteile von Kriterium A, die aus Plänen gefunden wurden. Siehe hierzu auch Anhang 7.5. bis 7.8. im elektronischen Zusatzmaterial einsehbar.

Euro je Bett), in Berlin 79 % (31.380 Euro je Bett). Weiter folgt mit 75 % der gefundenen Betriebskosten- und Defizitausgleichzahlungen in Berichten das Land Rheinland-Pfalz (840 Euro je Bett), dicht gefolgt von Bremen und Bayern, wo mit 13.105 und 3.973 Euro je Bett jeweils 71 % der Zahlungen aus Kriterium A aus Berichten erhoben wurden. Hiernach folgt das Land Hessen mit 69 % (6.389 Euro je Bett). Unter dem bundesweiten Durchschnitt von 68 % liegen demnach die Länder Niedersachsen mit 65 % (4.899 Euro je Bett), Sachsen-Anhalt mit 50 % (130 Euro je Bett), Brandenburg mit 46 % (1.112 Euro je Bett), Thüringen mit 16 % (60 Euro je Bett) und NRW mit 16 % (1.367 Euro je Bett). Die Ergebnisse für die Pläne ergeben sich folgerichtig aus den entsprechenden Gegenwahrscheinlichkeiten.[25]

Wie bereits dargestellt wurde insgesamt zu 80 % aller eingeschlossenen Betten eine Quelle, unabhängig ob Bericht oder Plan, gefunden. Dagegen konnten zu 20 % aller Betten keine Informationen gefunden werden, weshalb sich hier eine Hochrechnung (HR) anbietet. Hierzu werden im Folgenden drei HR-Varianten dargestellt.[26] Die erste HR-Variante rechnet anhand des bundesweiten Anteils der nicht gefundenen Betten die Erhebungswerte auf Bundeslandebene pro Jahr linear hoch. Für Untersuchungskriterium A steigt so das Gesamtergebnis über alle Betrachtungsjahre von 6,82 Mrd. Euro auf 7,96 Mrd. Euro (+ 17 %) an. Für die Investitionszahlungen (Kriterium B) erhöht sich das Ergebnis um 18 % von 1,36 Mrd. Euro auf 1,60 Mrd. Euro. Beide Kategorien addiert, beträgt der HR-Wert aus Variante eins somit 9,56 Mrd. Euro an direkten Zahlungen und Zuschüssen der Landkreise an ihre öffentlichen Krankenhäuser. Die gewährleisteten Darlehen (Kriterium D) steigen bei der HR-Variante eins um 15 % von 1,18 Mrd. Euro auf 1,37 Mrd. Euro an. Die Kriterien C und E wurden aufgrund mangelnder Relevanz in den HRs nicht betrachtet.[27]

HR-Variante zwei rechnet anhand des jeweiligen bundeslandspezifischen Anteils der nicht gefundenen Quellen die Erhebungswerte auf Bundeslandebene pro Jahr linear hoch. Variante zwei unterscheidet sich zu HR-Variante eins in dem Sinne, dass nicht der bundeseinheitliche, sondern der bundeslandspezifische Anteil der fehlenden Quellen verwendet wird. Die HR von Untersuchungskriterium A, über den gesamten Untersuchungszeitraum betrachtet, zeigt einen Anstieg von 874 Mio. Euro (+ 13 %) von den erhobenen 6,82 Mrd. Euro auf

---

[25] Vgl. Abb. 4.18 sowie für eine weiterführende Übersicht auch zu den anderen Kategorien Anhang 7.1. bis 7.8. im elektronischen Zusatzmaterial einsehbar.

[26] Für die genaue Erläuterung der HR-Varianten siehe Abschnitt 3.4.3.

[27] Für eine weiterführende Darstellung der Ergebnisse aus HR-Variante eins siehe Anhang 8.2. bis 8.4. im elektronischen Zusatzmaterial einsehbar.

7,70 Mrd. Euro. Somit weicht der Wert von der bundeslandspezifischen HR im Vergleich zur bundeseinheitlichen HR um vier Prozentpunkte ab. Um nur einen Prozentpunkt weicht die HR-Variante zwei von der HR-Variante eins dagegen bei Untersuchungskriterium B ab. Hier steigt der Wert von den ursprünglichen 1,36 Mrd. Euro auf 1,62 Mrd. Euro (+ 19 %). Eine prozentual ähnliche Abweichung ist auch in Kategorie D bei den Darlehensgewährleistungen zu sehen. Die ursprünglichen erhobenen 1,18 Mrd. Euro vermehren sich durch die HR-Variante zwei um 193 Mio. Euro (+ 17 %) auf 1,38 Mrd. Euro.[28]

Die dritte HR-Variante rechnet, wie auch die Variante zwei, bundeslandspezifisch den Anteil der nicht gefundenen Quellen hoch, jedoch hier unter Berücksichtigung der anteiligen Bettenanzahl.[29] Das bundesweite HR-Ergebnis der Betriebskosten- und Defizitzahlungen steigt im Vergleich zum ursprünglichen Wert über alle Jahre betrachtet um 11 % auf 7,54 Mrd. Euro an. Aufgrund des hohen Erhebungswertes von NRW im Jahre 2024 kann hier eine zweite Betrachtungsweise herangezogen werden, bei der das Land NRW um diesen Sonderfall bereinigt wird.[30] Die um den Sonderfall bereinigte HR des Untersuchungskriteriums A beträgt nun 7,43 Mrd. Euro (+ 9 %), da sich der HR-Wert von NRW von 847 Mio. Euro auf 743 Mio. Euro reduziert, weil der Wert der Eigenkapitalerhöhung der Stadt Köln aus dem Jahr 2024 in Höhe von 533 Mio. Euro nicht mit hochgerechnet wurde. Dem liegt die Prämisse zugrunde, dass es sich hier um einen Einzelfall handelt und die Hochrechnung der Landkreise, zu denen keine Quellen gefunden wurden, verzerren würde. Bei Untersuchungskriterium B steigt bei Anwendung der HR-Variante drei der Gesamtwert von 1,36 Mrd. Euro auf 1,56 Mrd. Euro (+ 15 %) an. Hier ist keine Bereinigung beim Land NRW notwendig, da sich der Sonderfall nur auf Kriterium A auswirkt. Es ist allerdings festzustellen, dass die dritte HR-Variante im Vergleich zu den anderen HR-Varianten, die geringste Steigung zum ursprünglichen Erhebungswert aufweist. Dies ist auch bei Kriterium A, ebenso wie bei Kriterium D, den gewährleisteten Darlehen, der Fall. Diese erhöhen sich bei Anwendung von HR-Variante drei im Vergleich zum ursprünglichen Wert um 152 Mio. auf 1,34 Mrd. Euro (+ 13 %).[31]

---

[28] Für eine weiterführende Darstellung der Ergebnisse aus HR-Variante zwei siehe Anhang 8.5. bis 8.7. im elektronischen Zusatzmaterial einsehbar.

[29] Für die Ergebnisse der gefundenen Quellen nach Bettenanteil vgl. Abb. 4.7 und 4.8.

[30] Dabei ist die Stadt Köln gemeint, welche im Jahr 2024 den Kliniken der Stadt Köln durch Erhöhung des Eigenkapitals Darlehen in Höhe von 533 Mio. Euro erlassen hat, die im selben Jahr dem Kriterium A zugeordnet wurden.

[31] Vgl. Tab 4.1 und 4.2 sowie für eine weiterführende Darstellung der Ergebnisse aus HR-Variante drei siehe 8.8. bis 8.14.

Tab. 4.1 Defizit- und Ausgleichszahlungen je Bett (in TEUR nach HR-Variante drei)[32]

[A]	2018	2019	2020	2021	2022	2023	2024	Mittelwert
BY	2,465	2,268	3,358	3,832	5,685	8,854	8,715	5,025
BW	7,161	10,402	12,568	22,286	16,943	24,164	17,463	15,855
TH	-	0,030	0,033	0,285	0,033	0,029	1,791	0,314
ST	-	-	-	0,066	0,233	0,530	0,787	0,231
NI	2,024	1,691	6,724	6,981	10,517	18,167	6,285	7,484
RP	0,366	0,330	0,530	0,416	0,570	2,824	1,924	0,994
BB	0,062	-	-	3,403	3,616	5,354	4,235	2,381
SN	2,035	0,164	1,349	0,975	0,356	1,344	0,280	0,929
NW	0,686	2,200	0,407	1,059	2,318	3,200	41,045	7,273
HB	0,685	0,685	19,957	14,475	17,645	38,287	37,687	18,489
BE	20,532	45,858	20,709	16,308	58,751	57,500	58,043	39,672
HE	2,895	4,953	8,827	9,924	6,409	15,792	15,407	9,173
SH	-	4,061	14,565	5,509	6,452	7,510	4,586	6,098
MV	-	0,117	0,175	-	-	12,602	-	1,842
SL	-	0,125	0,589	0,850	0,486	-	-	0,293
Gesamt	3,101	4,635	5,709	7,245	8,485	12,645	14,243	8,009

Tab. 4.2 Investitionskostenzuschüsse je Bett (in TEUR nach HR-Variante drei)

[B]	2018	2019	2020	2021	2022	2023	2024	Mittelwert
BY	2,069	1,546	1,711	1,664	1,757	3,081	3,390	2,174
BW	0,973	2,037	3,798	6,898	2,734	2,463	5,588	3,499
TH	-	-	-	-	-	-	-	-
ST	-	0,672	-	-	-	2,082	-	0,393
NI	1,082	0,917	1,276	3,068	1,610	3,139	1,464	1,794
RP	-	-	0,005	-	0,266	0,647	0,615	0,219
BB	-	-	-	0,480	0,496	0,484	0,067	0,218
SN	0,344	0,448	0,173	0,464	1,532	0,581	0,551	0,585
NW	0,244	-	0,208	0,301	2,349	0,991	1,822	0,845
HB	10,236	10,321	12,248	11,949	9,850	11,049	11,777	11,061
BE	-	-	-	-	-	-	-	-
HE	0,224	0,055	0,165	0,142	1,322	1,799	1,851	0,794
SH	-	-	-	-	-	-	-	-
MV	-	2,589	-	-	-	-	-	0,370
SL	-	-	-	-	-	-	-	-
Gesamt	1,006	1,039	1,406	2,120	1,709	2,031	2,467	1,683

Zuletzt werden die Ergebnisse nach Siedlungsstruktur dargestellt. Es wurde nach vier verschiedenen Siedlungskategorien unterschieden. Jedem Landkreis ist eine dieser Kategorien zugeordnet. Die Verteilung der eingeschlossenen Landkreise mit ihren Krankenhausbetten nach Siedlungsstruktur wurde bereits dargelegt. Bei der Darstellung der Werte je Krankenhausbett ist auf den ersten Blick in allen Untersuchungskriterien ein eindeutiger Unterschied zwischen den Siedlungsstrukturen festzustellen. Bei Kriterium A liegt, über alle sieben Untersuchungsjahre betrachtet, der Mittelwert dünn besiedelter ländlicher Kreise bei 2.667 Euro je Bett, bei den ländlichen Kreisen mit Verdichtungsansätzen bei

[32] Bereinigt um den beschriebene Sondereffekt in NRW, für eine unbereinigte Betrachtung siehe Anhang 8.8.2. im elektronischen Zusatzmaterial einsehbar.

3.769 Euro und bei den städtischen Kreisen bei 7.276 Euro je Bett. All diese Werte liegen noch unter dem bundesweiten Durchschnitt von 7.349 Euro je Bett. Ein Bett in einer kreisfreien Großstadt beträgt im Mittelwert 12.976 Euro und liegt damit weit außerhalb der anderen Siedlungsstrukturen. Bei Betrachtung der einzelnen Jahre steigt bis auf zwei Ausnahmen der Wert pro Bett mit der Dichte der Siedlungsstruktur an. D. h. die ländlichen Kreise mit Verdichtungsansätzen liegen beim Untersuchungskriterium A immer über den dünn besiedelten ländlichen Kreisen, die städtischen Kreise wiederum über den ländlichen Kreisen mit Verdichtungsansätzen und die kreisfreien Großstädte über den städtischen Kreisen (Abb. 4.19).

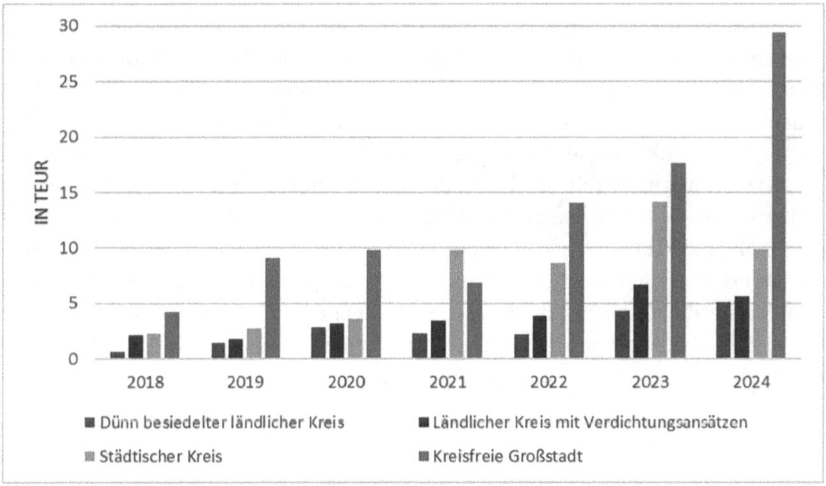

Abb. 4.19 Ergebnisse Kriterium A je Bett nach Siedlungsstruktur

Bei Untersuchungskriterium C zeigt der Mittelwert über alle Untersuchungsjahre keinen konstanten Anstieg mit zunehmender Bevölkerungsdichte. So liegen zwar die dünn besiedelten ländlichen Kreise mit durchschnittlich 650 Euro Investitionskostenzuschuss je Bett an letzter Stelle, die ländlichen Kreise mit Verdichtungsansätzen übertreffen mit 1.834 Euro je Bett die Städtischen Kreise mit

948 Euro je Bett aber fast um das Doppelte. Die höchsten Investitionskostenzuschüsse leisten die kreisfreien Großstädte mit 2.500 Euro je Krankenhausbett.[33]

Wie bereits erwähnt, wurden zu ca. 80 % der in die Analyse eingeschlossenen Betten Quellen gefunden, weshalb es sich hier de facto nicht mehr um eine Vollerhebung, sondern um eine Stichprobe handelt. Daher werden zur Überprüfung der aufgestellten Hypothese H_1 die bereits dargestellten Ergebnisse je Bett aus Kriterium A und C (alle geleisteten Zahlungen) auf statistische Signifikanz innerhalb der Siedlungsgruppen untersucht. Der Kruskal-Wallis-Test zeigte zwischen den vier Siedlungsstrukturen eine Signifikanz mit $H(3) = 13{,}776$ und $p = 0{,}003$ (bei einem Signifikanzniveau von $p < 0{,}05$). Dies bedeutet, dass die Werte nicht zufällig, sondern signifikant abhängig von ihrer Siedlungsgruppe sind. Zu sehen ist dies bereits an der klaren Abstufung der mittleren Rangsumme. Die Strukturkategorie dünn besiedelter ländlicher Kreise liegt hier mit einer mittleren Rangsumme von 7,43 unter der Gruppe ländlicher Kreise mit Verdichtungsansätzen mit 12,14 und der Gruppe Städtischer Kreise mit 15,14. Die höchste mittlere Rangsumme hat mit 23,29 die Gruppe kreisfreie Großstadt. Die erhobenen Werte zu Defizit- und Betriebskostenzahlungen sowie Investitionszahlungen steigen auch hiernach mit der Höhe der Bevölkerungsdichte an. Die berechnete Effektgröße $\eta^2 = 0{,}449$ deutet auf einen sehr großen Effekt zwischen der Abhängigkeit einer Siedlungsstrukturgruppe und einem Wert hin.[34] Somit lässt sich H_0 verwerfen, womit folglich die aufgestellte Hypothese H_1 „Mit zunehmender Bevölkerungsdichte eines Landkreises steigt tendenziell die Höhe der gewährten öffentlichen Beihilfen an öffentliche Krankenhäuser." unter den Merkmalen der hier durchgeführten Studie bestätigt werden kann.

[33] Für eine weiterführende Betrachtung von Kriterium D siehe Anhang 9.4. im elektronischen Zusatzmaterial einsehbar.

[34] Für die Einordnung der Effektgröße nach Cohen (1988) vgl. Abschnitt 3.4.3.

Diskussion 5

5.1 Interpretation

In diesem Kapitel werden die zuvor dargestellten Ergebnisse nach den aufgestellten Forschungsfragen bewertet und interpretiert. Im Anschluss werden die Limitationen dieser Arbeit dargelegt. Zunächst folgt eine kurze Zusammenfassung der Erhebungsergebnisse.

Die als Vollerhebung angelegte retrospektive Beobachtungsstudie umfasste 220 Landkreise, kreisfreie Städte und Stadtstaaten mit insgesamt 133 Tsd. Betten. Ziel war es, mithilfe von Beteiligungsberichten, Finanzberichten und Haushaltsplänen die öffentliche Beihilfe der Jahre 2018 bis 2024 zu erheben. Von den inkludierten Betten konnte zu 62 % ein Bericht und zu 18 % ein Plan gefunden werden, wobei in den ersten sechs Jahren des Erhebungszeitraums der Anteil der Berichte 71 % und der Anteil der Pläne 9 % betrug. Im Jahr 2024 kehrten sich dieses Verhältnis um und der Anteil der Berichte betrug nur noch 9 %. Insgesamt konnten also zu 80 % der Betten Informationen gefunden werden. In der Erhebung wurde anhand der Kriterien Betriebskostenzuschuss oder Defizitausgleich, Investitionskostenzuschuss, Darlehensgewährleistung sowie bestehende Bürgschaften analysiert. Bei allen Kriterien ist über die Jahre ein Anstieg der Werte zu beobachten. Die Betriebskostenausgleiche liegen im Mittelwert bei 8,9 Tsd. Euro je Bett pro Jahr, in den Jahren 2023 und 2024 jedoch schon bei 13,4 bzw. 16,0 Tsd. Euro je Bett. Der Mittelwert der Investitionskostenzahlungen liegt bei 1,8 Tsd. Euro je Bett pro Jahr, im Jahr 2024 allerdings bei 2,6 Tsd. Euro

Ergänzende Information Die elektronische Version dieses Kapitels enthält Zusatzmaterial, auf das über folgenden Link zugegriffen werden kann https://doi.org/10.1007/978-3-658-52882-9_5.

S. Möbius, *Die versteckte dritte Säule der Krankenhausfinanzierung*, BestMasters, https://doi.org/10.1007/978-3-658-52882-9_5

je Bett. Die Darlehensgewährleistungen liegen in den Jahren 2023 und 2024 bei 2,7 und 3,0 Tsd. Euro je Bett, wobei der Mittelwert über den gesamten Erhebungszeitraum 1,5 Tsd. Euro beträgt. Die bestehenden Bürgschaften liegen im Mittelwert bei 12 Tsd. Euro je Bett.

Die erste Forschungsfrage F_1 fragt nach der Art und Höhe der öffentlichen Beihilfe innerhalb der Jahre 2018 bis 2024. Die Untersuchungskriterien wurden dabei so gewählt, dass sie die vier verschiedenen Arten der Beihilfe bereits abdecken sollen. Neben direkten Zahlungen mit Einfluss auf das Betriebsergebnis gibt es auch zweckgebundene Zahlungen. Diese sollten über das Kriterium „Investitionskostenzuschüsse" abgedeckt werden. In den Quellen war jedoch nur selten der Nachweis einer Zweckbindung zu finden, weshalb alle Zahlungen mit dem Begriff „Investitionskostenzuschuss"[1] dieser Kategorie zugeordnet wurden. Hieraus folgen zwei Argumente, weshalb eine zusammenführende Darstellung der Kriterien A und B sinnvoll ist. Zum einen ist nicht gesichert, dass sämtliche Investitionskostenzahlungen aus Kriterium B zweckgebunden sind. Im Umkehrschluss bedeutet das, dass sie zweckungebunden und somit faktisch Betriebskostenzuschüsse sind. Zum anderen haben auch zweckgebundene Mittel indirekten Einfluss auf das Erfolgsergebnis. Es ist davon auszugehen, dass eine Kommune dann Investitionszuschüsse leistet, wenn das geführte Krankenhaus notwendige Investitionen nicht über die Landesfördermittel oder den eigenen Betriebsmittelüberschuss finanzieren kann. Somit kann diese Zahlung im weiteren Sinne auch als eine Art Betriebsmittelzuschuss angesehen werden. Unter anderem hat eine Investition immer zum Ziel, das Erfolgsergebnis kurz-, mittel- oder langfristig zu verbessern. Daher wird im Folgenden häufig der Fokus auf eine aggregierte Darstellung von Kriterium A und B gelegt.

Für die Beantwortung der Höhe der öffentlichen Beihilfe liefert diese Studie zwei zu differenzierende Antworten. Die Erste ist das eindeutige Erhebungsergebnis der 80 % Stichprobe je gefundenem Bett.[2] Dieses beläuft sich auf 10,7 Tsd. Euro je Bett bei direkten Zahlungen (Kriterium A und B), 1,5 Tsd. Euro Darlehensgewährleistungen je Bett und 12 Tsd. Euro Bürgschaften je Bett. Auch wenn die Verteilung der einzelnen Erhebungssummen eine sehr weite Spannweite haben,[3] so gilt der genannte Mittelwert für diese spezielle 80 % Stichprobe. Die zweite Antwortmöglichkeit ist die Hochrechnung dieser Werte auf die gesamte

[1] Inhaltlich ähnliche Begriffe galten hier ebenfalls.

[2] Vgl. hierzu Abb. 4.14 bis 4.17 sowie Anhang 6.1. bis 6.7. im elektronischen Zusatzmaterial einsehbar.„Gefundene Betten" meint hier den Anteil der Betten, zu denen ein Bericht oder Plan gefunden wurde. Siehe hierzu Abschnitt 3.4.3.

[3] Die Spannweite lässt sich bspw. an der Verteilung nach Bundesländern (Abb. 4.14 bis 4.17) erkennen.

ursprüngliche Analysegesamtheit, inklusive der Bereinigung des unterstellten Sonderfalls der Stadt Köln[4]. Nicht untersucht und nicht beachtet ist hierbei eine potenzielle systematische Verzerrung hinter den nicht gefundenen Berichten. Eine Verzerrung könnte hier, ähnlich wie bei einem publication bias, dadurch zustande kommen, wenn Landkreise Berichte oder Pläne aufgrund bspw. einer besonders hohen oder besonders niedrigen öffentlichen Beihilfe bewusst nicht online veröffentlichen. Bei Betrachtung einer Hochrechnung wird im Folgenden die HR-Variante drei verwendet, weil diese die jahresgenauen und bundeslandspezifischen Anteile der fehlenden Betten berücksichtigt und somit die spezifischste Methodik darstellt. Die HR zeigt eine um circa 1 Tsd. Euro je Bett geringere öffentliche Beihilfe. Die Zahlungen liegen hier nur noch bei 9,7 Tsd. Euro, die Darlehensgewährleistungen bei 1,4 Tsd. Euro und die Bürgschaften bei 10,8 Tsd. Euro. Beide Darstellungsweisen haben ihre Berechtigung. Für eine konkrete Beantwortung der Fragestellung, um welche Beihilfehöhe es sich bei allen Landkreisen, kreisfreien Städten und Stadtstaaten handelt, bietet sich aus der dargelegten Argumentation heraus jedoch eher das bereinigte HR-Ergebnis an (Tab. 5.1).

Tab. 5.1 Übersicht der wichtigsten Erhebungs- und HR-Ergebnisse Variante drei (je Bett in TEUR)

In TEUR je Bett		2018	2019	2020	2021	2022	2023	2024	Mittelwert
[A]	Erhebunng	3,784	5,427	6,342	7,900	9,189	13,421	16,027	8,870
Betriebskosten und Defizitausgleich	bereinigte HR	3,101	4,635	5,709	7,245	8,485	12,645	14,243	8,009
[B]	Erhebung	1,184	1,121	1,501	2,273	1,796	2,061	2,618	1,793
Investitionskostenausgleich	bereinigte HR	1,006	1,039	1,406	2,120	1,709	2,031	2,467	1,683
[D]	Erhebung	0,332	0,440	0,834	1,114	2,075	2,749	3,043	1,512
Darlehensgewährleistungen	bereinigte HR	0,312	0,420	0,822	1,066	2,005	2,658	2,802	1,441
[E]	Erhebung	10,050	7,366	9,389	11,110	15,980	15,531	14,607	12,005
Bürgschaften	bereinigte HR	7,901	6,165	8,438	10,321	14,988	14,723	13,009	10,792
[A]+[B]	Erhebung	4,967	6,548	7,843	10,174	10,984	15,482	18,646	10,663
	bereinigte HR	4,107	5,674	7,115	9,365	10,194	14,676	16,710	9,691
[A]+[B]+[D]	Erhebung	5,299	6,988	8,677	11,288	13,059	18,230	21,689	12,176
	bereinigte HR	4,418	6,094	7,937	10,430	12,199	17,334	19,512	11,132

F_2 fragt nach Hinweisen auf den möglichen Zusammenhang zwischen der Höhe öffentlicher Ausgleichszahlungen und der Häufigkeit von Insolvenzverfahren bei öffentlichen Krankenhäusern. Aufgrund der explorativen Methodik ist das Ableiten von Kausalzusammenhängen hier nicht möglich und war auch nie das Ziel dieser Arbeit. Jedoch ist auch das Feststellen von Hinweisen an dieser Stelle schwierig, da sich die Erhebungsergebnisse nicht problemlos einordnen lassen. Eine annähernde Einordnung wird im Folgenden jedoch unternommen. Für das Verhindern der Eröffnung eines Insolvenzverfahrens sind auf kurzfristige Sicht

[4] Für die HR wurde festgelegt, dass der Erhebungswert der Stadt Köln aus 2024 einen einmaligen Sonderfall darstellt und daher aus der HR zu bereinigen ist. Siehe hierzu Abschnitt 3.4.3.

sämtliche liquide Mittel, d. h. auch die Darlehensgewährleistungen, in der Einordnung mit einzuschließen. Im Mittelwert belaufen sich diese auf 11,1 Tsd. Euro je Bett pro Jahr, im Jahr 2023 auf 17,3 Tsd. Euro und im Jahr 2024 auf 19,5 Tsd. Euro. Laut der offiziellen Statistik des Landes NRW belaufen sich die stationären Kosten je Belegungstag im Jahr 2022 auf 930 Euro.[5] Bei einer Generalisierung dieser Statistik auf gesamt Deutschland und der bundesweiten Bettenauslastung von 69 % in diesem Jahr ergeben sich Kosten von circa 651 Euro je Bett pro Tag (234 Tsd. Euro je Bett pro Jahr), unabhängig, ob dieses belegt ist oder nicht. Die gesamten kommunalen Zahlungen aus diesem Jahr (12,2 Tsd. Euro je Bett) entsprechen somit ca. 5 % der Gesamtkosten. Im Jahr 2023 entsprechen nach dieser Herleitung die öffentlichen Beihilfezahlungen circa 7 % und im Jahr 2024 circa 8 %.[6] Diese Anteile stellen einen Hinweis dar, warum öffentliche Krankenhäuser bei Insolvenzeröffnungsverfahren als Trägerart unterrepräsentiert sind. Landkreise, kreisfreie Städte und Stadtstaaten leisten als Träger von öffentlichen Krankenhäusern eine öffentliche Beihilfe in Form von Zahlungen und Darlehen, die die anderen Trägerarten möglicherweise nicht von ihren Trägern erhalten.

Zusammenfassend lässt sich zur zweiten Forschungsfrage also feststellen, dass es durch die Höhe der öffentlichen Beihilfe einen Hinweis auf die Unterrepräsentanz der öffentlichen Krankenhäuser bei den Insolvenzeröffnungsverfahren gibt, da möglicherweise ein Anteil von 5 % bis 8 % an der Kostenübernahme ausreichend ist, um einen ausschlaggebenden Wettbewerbsvorteil zu leisten. Eine Exklusivität dieser Kostenübernahme nur bei öffentlichen Krankenhäusern ist allerdings nicht gesichert, zudem können viele weitere Faktoren, wie Größe der Häuser, geografische Lage, medizinische Ausrichtung, interne und externe Effizienzen usw., hierauf Einfluss haben, die hier nicht berücksichtigt sind. Überdies bleibt die Frage bestehen, ob eine Querfinanzierung von 5 % bis 8 % der Gesamtkosten je Bett aus kommunalen Geldern juristisch tragfähig ist. Durch Gutachten gibt es Hinweise, dass die öffentliche Beihilfe von ausschließlich den eigenen öffentlichen Kliniken möglicherweise juristisch nicht legal ist.[7] Die ausstehenden Urteile der aktuell laufenden Verfahren eines Zusammenschlusses freigemeinnütziger und privater Kliniken in Berlin gegen das Land Berlin aufgrund der

[5] Landesbetrieb IT.NRW 2023.

[6] Hierfür ist bei den Kosten je Bett eine Preissteigerung von 4,3 % (2023) und 5,3 % (2024) angenommen worden. Dies entspricht den offiziellen KHEntG-Veränderungswerten. Die tatsächlichen Preissteigerungen der Kosten liegen jedoch voraussichtlich höher. Vgl. GKV-Spitzenverband 2025.

[7] Vgl. Brosius-Gersdorf 2023; Curcaon 2025.

geleisteten öffentlichen Beihilfe an die eigenen Krankenhäuser vor dem Verwaltungsgericht sowie der EU-Kommission werden hier rechtlich weitere Klarheit bringen.[8]

Die letzte Forschungsfrage untersucht die Unterschiede der öffentlichen Beihilfe in Abhängigkeit zur Bevölkerungsdichte. Die aufgestellte Hypothese, dass mit zunehmender Bevölkerungsdichte die Höhe der Beihilfe steigt, kann hier bestätigt werden. Auch wenn hiermit eine Korrelation feststeht, so lassen sich im Rahmen dieser Arbeit keine Hinweise auf eine Kausalität feststellen. Warum Krankenhäuser in dichteren Siedlungsstrukturen mehr öffentliche Beihilfe erhalten als in schwächer besiedelten Regionen lässt sich an dieser Stelle weiterführend nicht beantworten.

5.2 Limitationen

Diese Arbeit besitzt verschiedene Limitationen, die in diesem Kapitel genannt werden. Zunächst wird vorwiegend auf die methodischen Limitationen, später auf die Daten- und Umsetzungslimitationen eingegangen.

Eine grundlegende Einschränkung der Arbeit liegt in der Wahl der retrospektiven Beobachtungsstudie mit nur einer Untersuchungskohorte als Forschungsdesign. Zum einen besteht bei retrospektiven Beobachtungen immer die Gefahr, verschiedene Einflussfaktoren nicht erkennen, abschätzen und kontrollieren zu können, zum anderen ist durch die Beobachtung von nur einer Gruppe (in diesem Fall nur Krankenhäuser öffentlicher Trägerschaft) das Ziehen von Implikationen stark eingeschränkt. Insbesondere bei der Untersuchung von Kausalitäten zwischen der Anzahl der Insolvenzeröffnungsverfahren und öffentlicher Beihilfe ist ein interventionelles Forschungsdesign mit verschiedenen Trägerarten als Vergleichsgruppen notwendig.

Eine weitere Limitation liegt speziell bei den nicht gefundenen Quellen. Bei insgesamt 22 Landkreisen und kreisfreien Städten wurde weder ein Bericht noch ein Plan für eines der Erhebungsjahre gefunden. Eine mögliche systemische Verzerrung als Grundlage für die nicht Veröffentlichung (ähnlich eines publication bias) wird nicht untersucht. Eine weitere Einschränkung besteht dadurch, dass keine spezielle Betrachtung der verschiedenen Veröffentlichungspflichten im Zusammenhang mit den gefundenen Quellen unternommen wird. Die leicht

[8] Vgl. Tagesspiegel.de 2023.

unterschiedlichen Veröffentlichungspflichten der Länder zu Daten der öffentlichen Beihilfe könnte ein weitere Einflussfaktor sein, welcher hier nicht beachtet wird.

Des Weiteren ist die Studie durch ihren Beobachtungszeitraum von sieben Jahren limitiert. Eine Ausweitung des Beobachtungszeitraumes könnte es ermöglichen, den Einfluss öffentlicher Beihilfe auf den Gesundheitsmarkt valide zu untersuchen und historisch sehr seltene Ereignisse, wie die Covid-19-Pandemie, welche circa vier Jahre des beobachteten Zeitraums prägen, korrekt einzuordnen.

Eine weitere Ungenauigkeit ergibt sich durch die ausschließliche Verwendung der Bettenanzahl aus dem Jahre 2023. Seit 2018 hat sich die Gesamtzahl der Betten zum Jahr 2023 um 15.198 verringert.[9] Dies betrifft nicht nur die in dieser Analyse eingeschlossenen Betten, sondern alle öffentlichen Krankenhäuser, kann aber zu einer Überschätzung der öffentlichen Beihilfe je Bett in den Jahren vor 2023 führen.

Die einseitige Darstellung der Bereinigung von Sonderfällen wie Köln oder Berlin stellt eine weitere Einschränkung dieser Arbeit dar. Eine breitere Darstellung verschiedener Bereinigungsverfahren ermöglicht diversere Sichtweisen und differenziertere Einordnungsmöglichkeiten. Die hier angewandte Bereinigungsmethodik ist logisch und eindeutig dargestellt, allerdings wird hiermit nur eine limitierte Spannweite an verschiedenen Berechnungsfacetten abgebildet.

Die letzte Limitation stellt eindeutig der menschliche Faktor dar. Die Analyse der Berichte und Pläne wurde allein und händisch vom Autor durchgeführt, ohne einer zweiten kontrollierenden Ebene, wie bspw. einem Zweitgutachter. Eine solche Durchführungsmethodik kann zu Einschränkungen der Reliabilität aufgrund unbeabsichtigter menschlicher Fehler führen.

[9] Statistisches Bundesamt 2024.

6 Fazit und Ausblick

Diese Arbeit hatte das Ziel, die kommunale öffentliche Beihilfe an öffentliche Krankenhäuser zu untersuchen. Öffentliche Beihilfe charakterisiert sich entweder durch direkte Geldzahlungen, in Form von Defizitausgleichen, Betriebskosten- oder Investitionskostenzuschüssen, oder anderer finanzieller Unterstützung wie beispielsweise die Gewährleistung marktunüblicher Darlehen, Bürgschaften oder Patronatserklärungen. Unabhängig der speziellen Ausübung stellt öffentliche Beihilfe immer eine Wettbewerbsverzerrung im Krankenhausmarkt dar. Juristisch legitimiert wird dieser Markteingriff durch das EU-Recht zur Unterstützung von Dienstleistungen im allgemeinen öffentlichen Interesse, unter welches auch Krankenhäuser fallen. Eine Anzeigepflicht der Art und des Umfangs der geleisteten Beihilfe ist auf kommunaler Buchführungsebene in jedem Bundesland vorhanden. Zur Art und Höhe der kommunalen öffentlichen Beihilfe existieren keine bundesweiten Statistiken oder Untersuchungen. Bei den eröffneten Insolvenzverfahren der letzten Jahre ist jedoch eine Unterrepräsentanz der öffentlichen Häuser festzustellen, was die Frage aufwirft, ob hier eine Korrelation vorliegt. Vor dem Hintergrund dieser Problemstellung wurden in dieser Arbeit drei Fragestellungen untersucht. Zunächst wurde nach der Art und Höhe der geleisteten Beihilfe gefragt. Als zweites ging es um Hinweise auf einen möglichen Zusammenhang zwischen der Hohe der geleisteten Zahlungen und der Häufigkeit von Insolvenzverfahren. Die letzte Frage untersuchte mögliche Unterschiede in der geleisteten Beihilfe in Abhängigkeit zu der Bevölkerungsdichte. Als methodisches Vorgehen wurde eine explorative Vollerhebung der Landkreise, kreisfreien Städte und Stadtstaaten mit Krankenhäusern in eigener Trägerschaft für die Jahre 2018 bis 2024 angestrebt. Datengrundlage bildeten Beteiligungs- und Haushaltsberichte sowie ggf. Haushaltspläne.

S. Möbius, *Die versteckte dritte Säule der Krankenhausfinanzierung*, BestMasters, https://doi.org/10.1007/978-3-658-52882-9_6

Weil nicht alle Datenquellen gefunden wurden, handelte es sich in dieser Studie um eine 80 %-Stichprobe. Die Ergebnisse wurden entsprechend auf die Grundgesamtheit hochgerechnet. Die Kommunen lieferten demnach direkte Zahlungen[1] in Höhe von knapp 10 Tsd. Euro je Krankenhausbett pro Jahr. Über den Untersuchungszeitraum ansteigend betrug der Wert im Jahr 2023 15 Tsd. Euro und im Jahr 2024 17 Tsd. Euro je Bett. Darlehen wurden ebenfalls mit steigender Tendenz in Höhe von 1 Tsd. Euro je Bett pro Jahr geleistet. Bürgschaften bestanden mit 11 Tsd. Euro je Bett pro Jahr. In Summe stellten die Zahlungen und Darlehensgewährleistungen circa 5 % der Krankenhauskosten je Bett pro Jahr dar, in den Jahren 2023 und 2024 circa 7 % bis 8 %. Dies ist im Hinblick auf die zweite Fragestellung dieser Arbeit ein Hinweis auf einen etwaigen Zusammenhang zwischen der Höhe der geleisteten Beihilfe und der Unterrepräsentanz bei den Insolvenzeröffnungsverfahren. Weiter zeigten die Ergebnisse, dass mit steigender Bevölkerungsdichte die geleistete Beihilfe anstieg.

Das Ziel dieser Arbeit ist durch die Beantwortung der Forschungsfragen weitestgehend erreicht worden. Aufgrund der zweiten Fragestellung war das Vorgehen mit einer explorativen Methodik notwendig, weshalb ein Ableiten allgemeiner Implikationen auf den Krankenhausmarkt nicht möglich war. Es bedarf in diesem Feld weiterer deskriptiver Forschung, die neben Landkreisen, kreisfreien Städten und Stadtstaaten auch kreisangehörige Städte, Gemeinden und andere Kommunalstrukturen einschließt, die als Träger öffentlicher Krankenhäuser fungieren. Des Weiteren bedarf es einer Kausalforschung dieser öffentlichen Beihilfe auf die konkreten Auswirkungen des Gesundheitsmarktes und des Gesundheitssystems. Hierzu zählen auch die sozialpolitischen und -wirtschaftlichen Auswirkungen auf die beihilfeleistenden Kommunen. In den Rechtswissenschaften muss die Frage der Verwendung dieser öffentlichen Gelder zur Querfinanzierung der stationären Krankenhausfinanzierung eindeutig geklärt werden. Es handelt sich hier um die Verwendung öffentlicher Gelder und muss daher politisch und gesellschaftlich an höherer Bedeutung gewinnen. Neben dem politischen Willen zu einer höheren Transparenz in Form einer durchgehenden statistischen Erfassung der öffentlichen Beihilfe muss in der kommenden gesellschaftlichen und politischen Debatte über die Verwendung dieser öffentlichen Gelder die wissenschaftliche Forschung ihren oben beschriebenen Beitrag leisten. Diese Arbeit kann als erste Ausgangslage zur weiteren wissenschaftlichen Betrachtung dienen.

---

[1] Direkte Zahlungen im Sinne von Defizit-, Betriebskosten- und Investitionskostenzuschüssen.

Literaturverzeichnis

Augurzky, Boris/Krolop, Sebastian/Hollenbach, Johannes/Monsees, Daniel/Pilny, Adam/ Schmidt, Christoph M./Bergschneider, Henrik (2024). Zwischen Hoffen und Bangen. 20 Jahre KRR. Heidelberg, medhochzwei.

BibliomedManager (2024). Mehr Fairness bitte! Beitrag von Dr. Markus Horneber. Online verfügbar unter https://www.bibliomedmanager.de/fw/artikel/50183-mehr-fairness-bitte (abgerufen am 23.09.2025).

Bundesministerium für Gesundheit (2025). Warken: Eine gute u. bezahlbare Gesundheitsversorgung für alle sichern. Bundesgesundheitsministerin Nina Warken hat ihr Regierungsprogramm im Bundestag vorgestellt. Sie betonte die Notwendigkeit, ein modernes und leistungsfähiges Gesundheitssystem zu schaffen, das den einzelnen Menschen in den Mittelpunkt stellt. Online verfügbar unter https://www.bundesgesundheitsministerium.de/presse/reden/rede/warken-eine-gute-bezahlbare-gesundheitsversorgung-fuer-alle-sichern.html (abgerufen am 11.08.2025).

Bundesministerium für Gesundheit (2025). Warken: Wir machen die Krankenhausreform alltagstauglich. Online verfügbar unter https://www.bundesgesundheitsministerium.de/ministerium/meldungen/warken-wir-machen-die-krankenhausreform-alltagstauglich-03-07-2025.html (abgerufen am 11.08.2025).

Bundesministerium für Wirtschaft und Energie (o.J.). Dossier Rechtsgrundlage/Verfahren. Bundesministerium für Wirtschaft und Energie. Online verfügbar unter https://www.bundeswirtschaftsministerium.de/Redaktion/DE/Dossier/Europa-Beihilfen/rechtsgrundlage-verfahren.html (abgerufen am 09.08.2025).

Bundesverband Deutscher Privatkliniken (2025a). Curacon-Studie: Defizitausgleich für kommunale Krankenhäuser in Milliarden-Höhe für 2024. Bundesverband Deutscher Privatkliniken e.V. Online verfügbar unter https://www.bdpk.de/service/studien-und-gutachten/2025/standard-titel-1 (abgerufen am 23.09.2025).

Bundesverband Deutscher Privatkliniken (2025b). Defizitfinanzierung. Kliniken am Tropf: Verlustausgleich für kommunale Krankenhäuser. Bundesverband Deutscher Privatkliniken e.V. Online verfügbar unter https://www.bdpk.de/themen/krankenhaeuser/defizitfinanzierung (abgerufen am 09.08.2025).

Bundeszentrale für politische Bildung (2022). Kommunalpolitik. Bundeszentrale für politische Bildung. Online verfügbar unter https://www.bpb.de/kurz-knapp/lexika/handwoerterbuch-politisches-system/511469/kommunalpolitik/ (abgerufen am 03.09.2025).

S. Möbius, *Die versteckte dritte Säule der Krankenhausfinanzierung*, BestMasters, https://doi.org/10.1007/978-3-658-52882-9

Cohen, Jacob (1988). Statistical power analysis for the behavioral sciences. Hillsdale, NJ, Lawrence Erlbaum Associates Publishers.

Curacon (2025). Daseinsvorsorge vs. Wirtschaftliche Schieflage. Kommunale Kliniken und ihre Träger in der Krise. Online verfügbar unter https://www.curacon.de/neuigkeiten/neuigkeit/daseinsvorsorge-vs-wirtschaftliche-schieflage (abgerufen am 24.09.2025).

Curcaon (2025). Diagnose: Unterfinanziert. Status quo und Zukunft der Krankenhausfinanzierung – Whitepaper. Online verfügbar unter https://www.curacon.de/whitepaper/whitepaper-diagnose-unterfinanziert.

das Krankenhaus (2024). Paradigmenwechsel oder Etikettenschwindel? Vorhaltefinanzierung im KHVVG. das Krankenhaus (11.2024). Online verfügbar unter https://www.dkgev.de/fileadmin/default/Mediapool/3_Service/3.5._Publikationen___Downloads/3.4.1._das_Krankenhaus/das_Krankenhaus_970-977-Heide-11-2024.pdf (abgerufen am 11.08.2025).

der Spiegel (2025). Krankenhäuser: Drei Viertel der Kliniken in Deutschland machen laut Studie Verlust. Online verfügbar unter https://www.spiegel.de/wirtschaft/soziales/krankenhauskrise-drei-viertel-der-kliniken-in-deutschland-machen-verluste-a-5d5897c5-4e99-4f4b-aa5a-c851aca7751e (abgerufen am 22.09.2025).

Deutsche Krankenhausgesellschaft (2022a). Bestandsaufnahme zur Krankenhausplanung und Investitionsfinanzierung in den Bundesländern 2022. Stand: Dezember 2022. Online verfügbar unter https://www.dkgev.de/fileadmin/default/Mediapool/3_Service/3.5._Publikationen___Downloads/3.4.7._Bestandsaufnahme_im_Krankenhaus/2022_DKG_Bestandsaufnahme_KH-Planung_und_Investitionsfinanzierung.pdf (abgerufen am 23.07.2025).

Deutsche Krankenhausgesellschaft (2022b). Krankenhäuser fordern Soforthilfe. DKG zur finanziellen Lage der Kliniken in Deutschland. Deutsche Krankenhausgesellschaft. Online verfügbar unter https://www.dkgev.de/dkg/presse/details/krankenhaeuser-fordern-soforthilfe/ (abgerufen am 23.09.2025).

Deutscher Bundestag (2022). Krankenhausversorgung nach Corona: Wettbewerb, Planung und Finanzierung neu organisieren. Drucksache 20/2725 --- Sondergutachten der Monopolkommission. Online verfügbar unter https://dserver.bundestag.de/btd/20/027/2002725.pdf (abgerufen am 09.08.2025).

Deutscher Landkreistag (2024). 1. Stellungnahme zum Regierungsentwurf KHVVG. Ausschussdrucksache 20(14)220(30). Online verfügbar unter https://www.bundestag.de/resource/blob/1020296/20_14_0220-30-_Deutscher-Landkreistag_KHVVG.pdf (abgerufen am 11.08.2025).

Deutschlandfunk (2019). Ökonomisierung der Krankenhäuser – Traurige Diagnose. Deutschlandfunk.de. Online verfügbar unter https://www.deutschlandfunk.de/oekonomisierung-der-krankenhaeuser-traurige-diagnose-100.html (abgerufen am 23.07.2025).

DIE ZEIT (2023). Geld und Operationen: Ambulante Operationen im Stundentakt. Online verfügbar unter https://www.zeit.de/2023/03/geld-operationen-ambulant-arztpraxen-umsatz (abgerufen am 23.07.2025).

Europäische Kommission (2012). Entscheidung – 2012/21 – EN – EUR-Lex. Beschluss der Kommission vom 20. Dezember 2011 über die Anwendung von Artikel 106 Absatz 2 des Vertrags über die Arbeitsweise der Europäischen Union auf staatliche Beihilfen in Form von Ausgleichsleistungen zugunsten bestimmter Unternehmen, die mit der Erbringung von Dienstleistungen von allgemeinem wirtschaftlichem Interesse betraut sind. Europäische Union. Online verfügbar unter https://eur-lex.europa.eu/legal-content/DE/TXT/?uri=CELEX%3A32012D0021 (abgerufen am 07.08.2025).

Europäische Kommission (o.J.). Öffentliche Suche in der Beihilfentransparenzdatenbank. Europäische Union. Online verfügbar unter https://webgate.ec.europa.eu/competition/transparency/public?lang=de (abgerufen am 09.08.2025).

Europäische Union (2012). Staatliche Beihilfen – Anwendung der Beihilfevorschriften auf Dienstleistungen von allgemeinem wirtschaftlichem Interesse (DAWI). EUR-Lex. Online verfügbar unter https://eur-lex.europa.eu/DE/legal-content/summary/state-aid-application-of-rules-for-services-of-general-economic-interest-sgei.html (abgerufen am 07.08.2025).

FAZ (2020). Was in Kliniken wirklich schiefläuft. Online verfügbar unter https://www.faz.net/aktuell/wirtschaft/unternehmen/krankenhaeuser-in-deutschland-was-wirklich-schieflaeuft-16803372.html (abgerufen am 23.07.2025).

FAZ (2023). Krankenhausreform: Das Kliniksterben hat begonnen. Online verfügbar unter https://www.faz.net/aktuell/wissen/medizin-ernaehrung/krankenhausreform-das-kliniksterben-hat-begonnen-19295043.html (abgerufen am 23.09.2025).

GKV-Spitzenverband (2023a). GEMEINSAME PRESSEMITTEILUNG – BERLIN, 17.07.2023. Bundesländer müssen endlich ihrer Pflicht zur Krankenhaus-Finanzierung nachkommen. GKV-Spitzenverband, Deutsche Krankenhausgesellschaft (DKG), Verband der Privaten Krankenversicherung (PKV). GKV-Spitzenverband. Online verfügbar unter https://www.gkv-spitzenverband.de/gkv_spitzenverband/presse/pressemitteilungen_und_statements/pressemitteilung_1641344.jsp (abgerufen am 23.07.2025).

GKV-Spitzenverband (2023b). Krankenhaus-Budgetverhandlungen. Online verfügbar unter https://www.gkv-spitzenverband.de/krankenversicherung/krankenhaeuser/budgetverhandlungen/budgetverhandlungen.jsp (abgerufen am 07.08.2025).

GKV-Spitzenverband (2024). Stellungnahme GKV-Spitzenverbandes vom 16.09.2024. zum Gesetzentwurf zur Verbesserung der Versorgungsqualität im Krankenhaus und zur Reform der Vergütungsstrukturen (Krankenhausversorgungsverbesserungsgesetz – KHVVG) vom 17.06.2024(Bundestagsdrucksache 20/11854). Online verfügbar unter https://www.gkv-spitzenverband.de/media/dokumente/presse/p_stellungnahmen/2024_09_18_Stellungnahme_GKV-SV_GE_KHVVG.pdf (abgerufen am 11.08.2025).

GKV-Spitzenverband (2025). Orientierungs-/Veränderungwert. Online verfügbar unter https://www.gkv-spitzenverband.de/krankenversicherung/krankenhaeuser/budgetverhandlungen/orientierungswert/orientierungswert.jsp (abgerufen am 11.09.2025).

Grote Westrick, Marion/Vollbracht, Eckard/Deckenbach, Bernd/Nolting, Hans-Dieter/Zich, Karsten (2019). Überversorgung – eine Spurensuche. Online verfügbar unter https://www.bertelsmann-stiftung.de/index.php?id=5772&tx_rsmbstpublications_pi2%5bdoi%5d=10.11586/2019064&no_cache=1 (abgerufen am 23.07.2025).

Halm, Ethan A./Lee, Clara/Chassin, Mark R. (2002). Is volume related to outcome in health care? A systematic review and methodologic critique of the literature. Annals of internal medicine 137 (6), 511–520. https://doi.org/10.7326/0003-4819-137-6-200209170-00012.

Handelsblatt (2024). Gesundheit: Kliniken warnen vor Versorgungseinschränkungen. Online verfügbar unter https://www.handelsblatt.com/politik/deutschland/gesundheit-kliniken-warnen-vor-versorgungseinschraenkungen/100067549.html (abgerufen am 23.09.2025).

haufe.de (2021). Patronatserklärungen: Wirkung, Varianten und praktische Bedeutung | Recht | Haufe. Online verfügbar unter https://www.haufe.de/recht/weitere-rechtsgebiete/wirtschaftsrecht/patronatserklaerungen-wirkung-varianten-und-praktische-bedeutung_210_547238.html (abgerufen am 08.08.2025).

Hessischer Rechnungshof (2024). Klinikbericht. 240. Vergleichende Prüfung „Gesundheitswesen – Kliniken II". Überörtliche Prüfung kommunaler Körperschaften (21/1147). Online verfügbar unter https://rechnungshof.hessen.de/sites/rechnungshof.hessen.de/files/2024-10/klinikbericht_2024.pdf (abgerufen am 09.08.2025).

Hildebrandt, Meik/Pioch, Carolina/Dammertz, Lotte/Ihle, Peter/Nothacker, Monika/Schneider, Udo/Swart, Enno/Busse, Reinhard/Vogt, Verena (2025). Quantifying Low-Value Care in Germany: An Observational Study Using Statutory Health Insurance Data From 2018 to 2021. Value in health : the journal of the International Society for Pharmacoeconomics and Outcomes Research 28 (6), 884–893. https://doi.org/10.1016/j.jval.2024.10.3852.

ibau.de (o.J.). Juristische Person des öffentlichen Rechts. Glossareintrag. Online verfügbar unter https://www.ibau.de/akademie/glossar/juristische-person-des-oeffentlichen-rechts/ (abgerufen am 22.08.2025).

InEK (2017). G-DRG-Begleitforschungsbrowser. Datenjahr 2015, 16–17. Online verfügbar unter https://browser.inek.org/content/2015/manual/G-DRG-Begleitforschungsbrowser2015.pdf (abgerufen am 19.07.2025).

InEK (2024). IBR-Katalog 2024, InEK GmbH. Online verfügbar unter https://www.g-drg.de/investitionsbewertungsrelationen-ibr/investitionsbewertungsrelationen-ibr-2024/ibr-katalog-2024 (abgerufen am 23.07.2025).

Institut der Wirtschaftsprüfer (2024). IDW-Positionspapier. Krankenhausfinanzierung auf dem Prüfstand. Online verfügbar unter https://www.idw.de/IDW/Medien/Positionspapier/Downloads-Trendwatch/IDW-Positionspapier-Krankenhausfinanzierung-20032024-web.pdf (abgerufen am 17.09.2025).

Klauber, Jürgen/Geraedts, Max/Friedrich, Jörg/Wasem, Jürgen/Beivers, Andreas (Hg.) (2020). Krankenhaus-Report 2020. Finanzierung und Vergütung am Scheideweg. Berlin, SpringerOpen.

Knauf, Katharina (2024). Die aktuelle Liste der Top Krankenhausträger 2024 in Deutschland. Online verfügbar unter https://www.gesundheitsmarkt.de/liste-der-top-30-krankenhaustraeger/ (abgerufen am 16.07.2025).

Kölnische Rundschau (2023). Finanzloch: Stadt Köln muss ihre Kliniken mit 131 Millionen Euro stützen. Online verfügbar unter https://www.rundschau-online.de/koeln/finanzloch-stadt-koeln-muss-ihre-kliniken-mit-131-millionen-euro-stuetzen-512972 (abgerufen am 11.08.2025).

Kruskal, William H./Wallis, W. Allen (1952). Use of Ranks in One-Criterion Variance Analysis. Journal of the American Statistical Association 47 (260), 583. https://doi.org/10.2307/2280779.

Kumar, A./Schoenstein, M. (2013). Managing Hospital Volumes: Germany and Experiences from OECD Countries. OECD Health Working Papers, No. 64. OECD Publishing, Paris. https://doi.org/10.1787/5k3xwtg2szzr-en.

Land, Beate (2018). Das deutsche Gesundheitssystem – Struktur und Finanzierung. Wissen für Pflege- und Therapieberufe. Stuttgart, Kohlhammer Verlag.

Landesbetrieb IT.NRW (2023). Kosten der NRW-Krankenhäuser waren im Jahr 2022 um 4,7 Prozent höher als ein Jahr zuvor. Statistik und IT-Dienstleistungen. Online verfügbar unter https://www.it.nrw/kosten-der-nrw-krankenhaeuser-im-jahr-2022 (abgerufen am 11.09.2025).

Landkreistag Baden-Württemberg (2024). Landkreistag: Krankenhäuser vor dem Kollaps – finanzielle Situation der Kliniken im Land dramatisch. Landkreistag, Städtetag und BWKG fordern gemeinsam Unterstützung für Krankenhäuser von Bund und Land. Medieninformation vom 26.07.2024 – Gemeinsame Pressemitteilung des Landkreistags Baden-Württemberg, des Städtetags Baden-Württemberg und der Baden-Württembergischen Krankenhausgesellschaft (BWKG). Landkreistag Baden-Württemberg. Online verfügbar unter https://www.landkreistag-bw.de/presse/krankenhaeuser-vor-dem-kollaps-finanzielle-situation-der-kliniken-im-land-dramatisch (abgerufen am 11.08.2025).

Landkreistag Niedersachsen (2024). Krankenhausreform: Kommunen und NKG unterstützen kritische Haltung von inisterpräsident Weil und allen anderen Bundesländern. PM-AG-KSV-NKG-Krankenhausreform_04.07.2024. Online verfügbar unter https://www.nsgb.de/wp-content/uploads/2024/07/PM-AG-KSV-NKG-Krankenhausreform_04.07.2024.pdf (abgerufen am 11.08.2025).

Lauterbach, Karl W./Stock, Stephanie/Sauerland, Stefan (Hg.) (2021). Gesundheitsökonomie. Lehrbuch für Mediziner und andere Gesundheitsberufe. 4. Aufl. Bern, Hogrefe AG.

Messerle, Robert/Schreyögg, Jonas (2024). Country-level effects of diagnosis-related groups: evidence from Germany's comprehensive reform of hospital payments. The European journal of health economics : HEPAC : health economics in prevention and care 25 (6), 1013–1030. https://doi.org/10.1007/s10198-023-01645-z.

Moher, David/Liberati, Alessandro/Tetzlaff, Jennifer/Altman, Douglas G. (2009). Preferred reporting items for systematic reviews and meta-analyses: the PRISMA statement. PLoS medicine 6 (7), e1000097. https://doi.org/10.1371/journal.pmed.1000097.

OECD (2023). Germany: Country Health Profile 2023. Online verfügbar unter https://www.oecd.org/en/publications/germany-country-health-profile-2023_21dd4679-en.html (abgerufen am 23.07.2025).

Regierungskommission für eine moderne und bedarfsgerechte Krankenhausversorgung (2023). Fünfte Stellungnahme der Regierungskommission – Verbesserung von Qualität und Sicherheit der Gesundheitsversorgung Potenzialanalyse anhand exemplarischer Erkrankungen. Online verfügbar unter https://www.bundesgesundheitsministerium.de/fileadmin/Dateien/3_Downloads/K/Krankenhausreform/5_Stellungnahme_Potenzialanalyse_bf_Version_1.1.pdf (abgerufen am 07.08.2025).

reimbursement.institute (2025). Krankenhausträger. Online verfügbar unter https://reimbursement.institute/glossar/krankenhaustraeger/ (abgerufen am 17.07.2025).

Robert Koch-Institut (o.J.). Themen – Antworten auf häufig gestellte Fragen zur COVID-19-Pandemie. Was war die Covid-19-Pandemie. Online verfügbar unter https://www.rki.de/SharedDocs/FAQs/DE/COVID-19-Pandemie/FAQ-Liste-COVID-19-Pandemie.html#entry_16871530 (abgerufen am 13.08.2025).

Sachverständigenrat für die Konzertierte Aktion im Gesundheitswesen (2000/2001). Bedarfsgerechtigkeit und Wirtschaftlichkeit. Band III Über-, Unter- und Fehlversorgung. Ausführliche Zusammenfassung. Sachverständigenrat zur Begutachtung der Entwicklung im Gesundheitswesen. Online verfügbar unter https://www.svr-gesundheit.de/fileadmin/Gutachten/Gutachten_2000_2001/Kurzfassung_Band3.pdf (abgerufen am 25.07.2025).

Sachverständigenrat zur Begutachtung der Entwicklung im Gesundheitswesen (2018). Bedarfsgerechte Steuerung der Gesundheitsversorgung. Gutachten 2018. Online verfügbar unter https://www.svr-gesundheit.de/fileadmin/Gutachten/Gutachten_2018/Gutachten_2018.pdf.

Stadt Köln (2024). Betrauung der Kliniken der Stadt Köln gGmbH durch die Stadt Köln. Öffentliche Bekanntmachung vom 18.12.2024. Online verfügbar unter https://www.stadt-koeln.de/mediaasset/content/bekanntmachungen/2024/2024.12.18_0293-01_betrauung_kliniken_stadt-kolen_ggmbh.pdf (abgerufen am 11.08.2025).

Statista (2024). Durchschnittliche Verweildauer in deutschen Krankenhäusern in den Jahren 1992 bis 2023 (in Tagen) [Graph]. Online verfügbar unter https://de.statista.com/statistik/daten/studie/2604/umfrage/durchschnittliche-verweildauer-im-krankenhaus-seit-1992/ (abgerufen am 23.07.2025).

Statista (2025). Krankenhausbetten pro Einwohner nach Ländern 2022 | Statista. Online verfügbar unter https://de.statista.com/statistik/daten/studie/77168/umfrage/anzahl-von-krankenhausbetten-in-oecd-laendern/ (abgerufen am 19.07.2025).

Statistisches Bundesamt (2024). Grunddaten der Krankenhäuser 2023. Statistischer Bericht. Online verfügbar unter https://www.destatis.de/DE/Themen/Gesellschaft-Umwelt/Gesundheit/Krankenhaeuser/Publikationen/Downloads-Krankenhaeuser/statistischer-bericht-grunddaten-krankenhaeuser-2120611237005.xlsx?__blob=publicationFile&v=6 (abgerufen am 16.07.2025).

Statistisches Bundesamt (2025). Krankenhausverzeichnis 2023. Online verfügbar unter https://www.destatis.de/DE/Themen/Gesellschaft-Umwelt/Gesundheit/Krankenhauser/krankenhausverzeichnis.html (abgerufen am 03.09.2025).

Süddeutsche Zeitung (2025). Kliniksterben in Bayern: Krankenhausgesellschaft warnt vor Kliniksterben in Bayern. „Diese Krankenhäuser werden das nicht überleben". Online verfügbar unter https://www.sueddeutsche.de/bayern/bayern-kliniksterben-krankenhaeuser-li.3221978 (abgerufen am 23.09.2025).

Wissenschaftlicher Dienst des Deutschen Bundestages (2014). Krankenhäuser in privater Trägerschaft – Rechtsgrundlagen, verfassungsrechtliche Vorgaben und Finanzierung. Ausarbeitung WD9–3000–095/13. Online verfügbar unter https://www.bundestag.de/resource/blob/410456/4e05aed207135be735046e76f13a107b/wd-9-095-13-pdf-data.pdf (abgerufen am 07.08.2025).

ZDFheute (2023). Überversorgung: Zu viele unnötige Behandlungen in Kliniken? Online verfügbar unter https://www.zdfheute.de/ratgeber/gesundheit/gesundheitssystem-medizin-ueberversorgung-100.html (abgerufen am 23.07.2025).